はじめて+レッスン
ヘアピンレースのブレードとモチーフ

有泉佳子

My First Hairpin Lace

introduction

子供の頃から手作りが大好きで、中でも編み物が一番好きでした。
いろいろなレースに出会ってからは繊細で優雅なレースの虜になり、創作活動をつづけています。
レースの中でも基本のブレードは、かぎ針編みの細編みと鎖編みが出来れば作れてしまう
ヘアピンレースを紹介します。
このレースは、はじめヘアピンを利用して作られたことからこの名があるようで、
U字形をした編み器に糸をかけながらかぎ針で作るテープ状のレースです。
この本では始めての人も編みやすいように、糸は少し太いもの（レース糸10番程度）を、
かぎ針はレース針2号、器具は扱いやすい4cm幅を使い、
慣れると2時間前後で出来てしまうモチーフなどを多く掲載しています。
単純だけど結構おもしろい、単純なだけに工夫次第でいろいろなものが出来てしまう
そんなやさしくて親しみやすいレースです。
一緒にヘアピンレースの魅力と制作過程の楽しさを味わいましょう。
末永く皆様に愛される本になることを願っています。

有泉佳子

この本で使用している用具はすべてクロバー株式会社の製品です。

この本に関するご質問は、お電話またはWebで
書名／はじめてレッスン　ヘアピンレースのブレードとモチーフ
本のコード／NV70182
担当／鈴木博子
Tel：03-5261-5084（平日13：00～17：00受付）
Webサイト「日本ヴォーグ社の本」http://book.nihonvogue.co.jp/
※サイト内"お問い合わせ"からお入りください。（終日受付）
（注）Webでのお問い合わせはパソコン専用となります。

本誌に掲載の作品を、複製して販売（店頭、ネットオークション等）することは禁止されています。
手づくりを楽しむためにのみご利用ください。

contents

すいすいブレード…4
小さなトートバッグ…7　リボン…18　カチューム…20　ベルト…22
ラリエットとピアス…24　エジング…26　ブレード…28

はじめて＊レッスン ヘアピンレース…8
材料と用具／ヘアピン器について
テープを編みましょう…11
テープについて…12
編み図の見方…13
小さなトートバッグのブレードを編んでつなぐ…14
あんなとき、こんなとき…16
糸を足す／テープをカットする／糸始末／仕上げについて
いろいろな大きさのヘアピン器でブレードを編むと…17

くるくるモチーフ…30
モチーフつなぎのドイリー…31　マルチマット…36　コースター…38
ジャグカバー…40　モチーフつなぎのつけ衿…42
四角・六角形・ハート・だ円のドイリー…44

lesson
モチーフつなぎのドイリー…32
いろいろな大きさのヘアピン器でモチーフを編むと…34

ヘアピンレースのかわいい小もの…46
ブレードのつけ衿…46　小さなバッグ…47　シュシュ…48
ブレードとモチーフのミニショール…49
巾着…52　ティッシュケースとミニ巾着…53　蝶と葉っぱといも虫のモチーフ…56
ベビーシューズ…60　ラウンドモチーフいろいろ…64

かぎ針編みの記号図と編み方…84

※ すいすいブレード

ヘアピンレースの基本は"ブレード"から。
ループのまとめ方で、さまざまな表情が生まれます。
長く編んだり、つないだり、まずはやさしいブレード作品から始めてみましょう。

step1
ヘアピン器に糸をかけて、
ループをテープ状に細長く編みます。

step2
器具から外したテープは、
ループをまとめながら
かぎ針編みの縁をつけてブレードに。

4 My First Hairpin Lace

step3
2本のブレードを
ネット編みでつないでいきます。

5

step4
つないだすき間に
クロッシェモチーフを編み入れて…

6 My First Hairpin Lace

bag
小さなトートバッグ

ヘアピンレースの中でも人気の高い波形のブレードです。
つないだ2本のブレードの空間に小さなクロッシェモチーフを編み入れます。
初めてでも挑戦しやすい小さめバッグに。

編み方…66ページ
使用糸／オリムパス エミーグランデ〈ハーブス〉

はじめて+レッスン ヘアピンレース

ヘアピンレースはヘアピン器に糸をかけて作ったループを、細編みでまとめていくシンプルなレースです。
ループを帯状に細長く編んだテープを作り、そのループを束ねたりつなげたりして作品に仕立てていきます。
ヘアピン器の扱いをマスターしてしまえば、
基本的なかぎ針編みの技法だけでどんな作品もやさしく編めるのがヘアピンレースの魅力でしょう。

はじめる前に…
ヘアピンレースの作品を編むのに必要な材料と用具、編む時に便利なアイテムの紹介です。
編む前に知っておくとよいですね。

[材料と用具について]

糸…ヘアピンレースは"レース"といっても、
作品に使用できる糸はレース糸から毛糸、モヘアやリボン、ファンシーヤーンなど、
ヘアピン器にかかる糸ならどんな形状の糸でもOK。
糸自体の形状や風合いが生きてくるので、選ぶ糸によって幅広い作品づくりが楽しめるのもヘアピンレースの特徴です。
本誌では、初心者にも扱いやすい10番程度のレース糸で作品を紹介しています。

〈実物大〉

オリムパス エミーグランデ
綿100%
50g 玉巻・約218m
45色
998円（本体950円）
編みやすさとシルクのような光沢、充実のカラーバリエーション、かぎ針編み愛好者に長く愛される定番レース糸。

オリムパス エミーグランデ〈ハーブス〉
綿100%
20g 玉巻・約88m
18色
483円（本体460円）
小物作品に便利なエミーグランデの小巻きタイプ。優しいナチュラルカラーからやさしいロマンティックカラーが揃いました。

オリムパス エミーグランデ〈カラーズ〉
綿100%
10g 玉巻・約44m
26色
263円（本体250円）
小物作品に便利なエミーグランデの小巻きタイプ。色えんぴつのようなきれいな色合いはアクセントカラーにぴったり。

オリムパス エミーグランデ〈ビジュー〉
綿97%ポリエステル3%
25g 玉巻・約110m
10色
546円（本体520円）
エミーグランデに金ラメ、または銀ラメをあわせ、高級感がプラスされたレース糸。

ディー・エム・シー バビロ10番
綿100%
50g 玉巻・約267m
39色
756円（本体720円）
絹のような輝きと滑らかな編み心地が特徴。丈夫で安定感のある仕上がりが得られる贅沢なレース糸です。

ディー・エム・シー セベリア10番
綿100%
50g 玉巻・約270m
基本色8色 カラー31色
基本色 945円（本体900円）
カラー 1155円（本体1100円）
純粋なコットンのクロシェ糸。強くしなやかな仕上がりで、細かな装飾やドイリーや縁飾りなどの小物作りに最適です。

※2013年3月現在

8 My First Hairpin Lace

ヘアピン編み器
ヘアピンの形をしたもので、棒の幅が何通りかにかえられるものや、棒の幅がかわらないように押さえ金があるものなどがあります。
※ 本誌ではヘヤーピン編み器（5本セット）の4cm幅を中心に使用しています

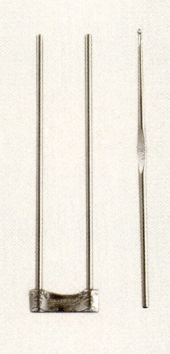

レース針・かぎ針
糸の太さに合った針を選びます。ここでは、使用糸に合わせてレース針2号を使用しています。

ヘヤーピン編み器（5本セット）
3・4・5・6・8cm幅　2468円（本体2350円）

ヘアピンレース編み器（クリップ式）
1cm単位（2〜8cm）で幅がかえられるクリップ式編み器
1680円（本体1600円）

ヘアピンレース「ミニ」
〈2cm幅〉レース針0号つき
1575円（本体1500円）

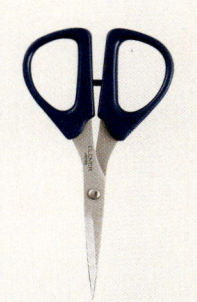

はさみ
先が細くて切れ味のよい手芸用はさみがおすすめです。

とじ針
糸始末に使用します。細い編み物用とじ針やクロスステッチ針など、針先が少し丸くなっているタイプが便利です。

棒針キャップ
ヘアピン器のステーが外れないように棒の先につけるのに便利です。輪ゴムなどでも代用できます。

輪ゴム
長く編んだテープをまとめて、ピンに固定します。

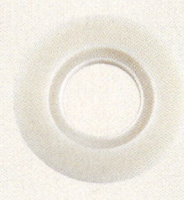

粘着テープ
糸端や別糸をヘアピン器にとめます。

9

[ヘアピン器について]

その名の通り、髪に飾るヘアピンを使って編んだのが始まりというヘアピン器。
まずは各部位の名称と役割、基本の持ち方を知っておきましょう。

ピン…本体の棒部分を指します。

粘着テープ…別糸や編み始めの糸端をヘアピン器に固定します。

ループ…編み糸で作った輪。

細編み…ループをピンの中央で編みとめています。この本ではすべて細編みです。

別糸…ヘアピン器から外す前に、編み糸とは別の糸をループに通しておきます。器具から外した後、ループのよれやねじれを抑えます。

ヘアピン器に数ループ編めたらピンに別糸をとめつけてループに通します。

レース針・かぎ針…ループをとめる細編みを編みます。号数は使用する糸の太さにあわせて選びます。

編み始めの糸端はヘアピン器の中央になるようにステーにとめます。

テープ…この本ではヘアピン器から落としたループの帯をテープと記しています。

ステー…2本の棒（ピン）の幅が均一に保たれるようについている押さえ金。

キャップ…ステーが落ちないようにするためにピンの端につけます。

長いテープを編む時など、ヘアピン器のループがいっぱいになったら、ピンからループを抜きとります。外したループは下から巻きあげて輪ゴムなどでとめておきます。

持ち方

左手
かぎ針編みと同じ要領で糸をかけます。中指と薬指の内側を通して人差し指に糸をかけてピンと張り、親指と中指でヘアピン器を押さえます。

右手
かぎ針編みと同じ要領で持ちます。針先から3〜4cmくらいのところを親指と人差し指で軽くはさむように持ち、中指を添えます。

10 My First Hairpin Lace

lesson
テープを編みましょう

ヘアピン器を使ってループを編んでいきます。慣れないうちは扱いにくいかも知れませんが、単純な操作のくり返しなので、編み進めるうちにどんどん上達してヘアピンレースが楽しくなります。

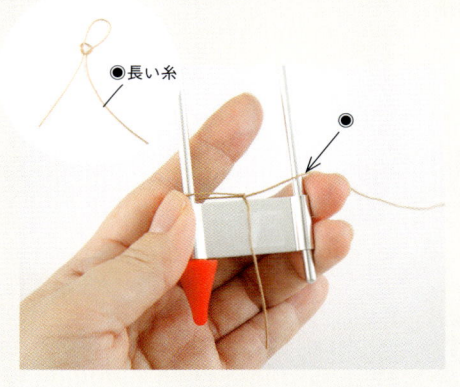

●長い糸

1. 糸端で輪（ループ）を作り、左のピンへかけます。この糸輪の結び目は器具から外す前にほどきます。器具の中央に糸輪の結び目がくるように糸端をステーにとめます。

2. 右のピンの手前から向こうに糸を回して左手に糸をかけます。

3. ループの手前側1本をすくうように輪の中に下から針を入れ、写真のように糸をかけて引き出します。

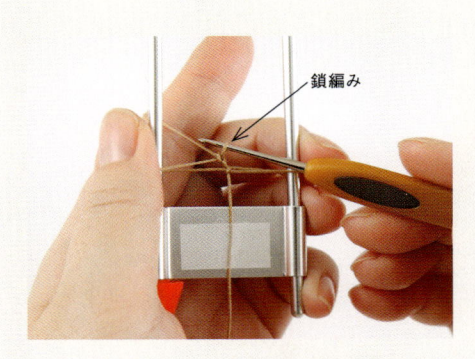

鎖編み

4. ループの手前側1本に鎖編みを1目編みます。

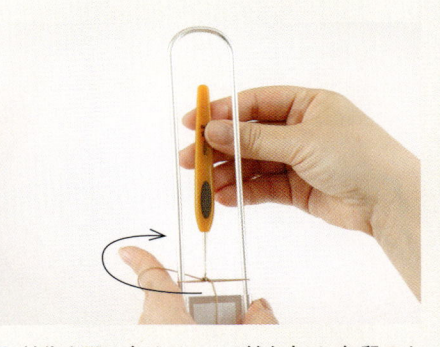

5. 針先を下に向けてレース針を立て、矢印のように器具を半回転（裏返し）させます。

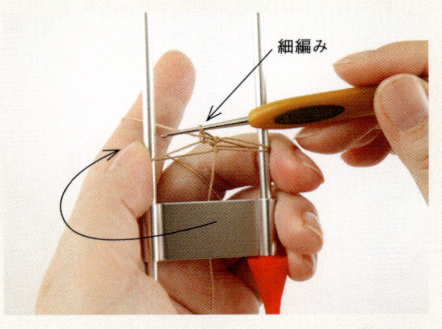

細編み

6. ループの手前側1本をすくうように輪の中に下から針を入れ、細編みを1目編みます。矢印のように器具を半回転させます。

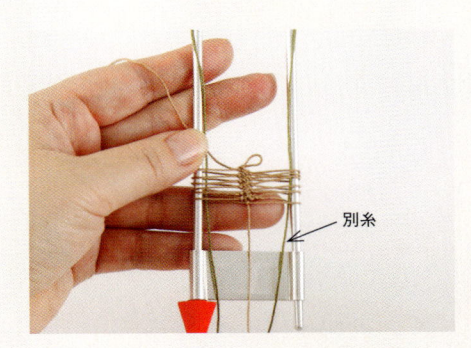

編み終わり
ブレードで使用する場合とモチーフのように輪につなぐ場合で終わりの目のとめ方が変わります。

別糸

7. 5〜6をくり返して必要ループ数を編みます。数ループ編めたらループに別糸を通しておきましょう。

●ブレード 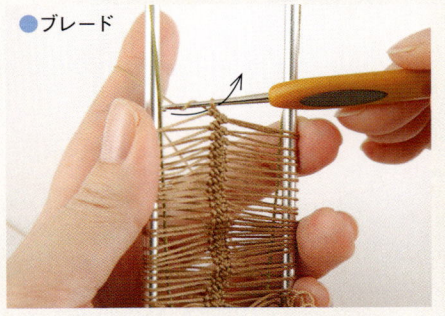
針にかかっている編み終わりの目に糸端を通して目を引き締めます。

●モチーフ 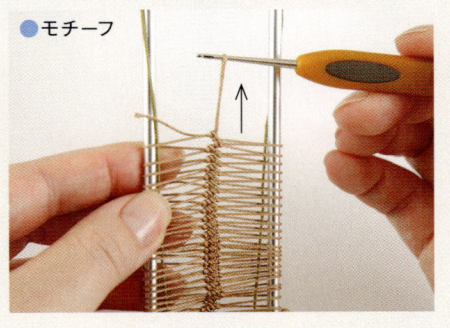
針にかかっている編み終わりの目をそのまま引き抜いて目をとめます。

11

[テープについて]

ここでは、ヘアピンレースの基本である、テープやループについて紹介します。
4cm幅のヘアピン器具を使用し、63ループを編みました。このテープがブレードやモチーフに仕立てられていきます。
ヘアピン器から外したテープは、ループがくるくると撚れてあちこち色々な方へ向いてしまいます。
器具から外す前に別糸を通しておけばループのねじれが抑えられ、後の作業がスムーズになります。

〈実物大〉

● 表と裏のきまり
ヘアピンレースはヘアピン器を表側・裏側と回しながら編むので、器具から外したテープに表と裏の見た目の違いはありません。あえてきまりとするなら、常にループの手前側を編みとめているので、最後のループが編みとめられていない側を裏と考えます。

● ループについて
ヘアピンレースのループは左右1ループずつを交互に編んでいますので、左のループと右のループで1ペアと考えます。テープの編み終わりは左右のループが同数になるようにします。糸を切ってから「ループ数が足りない！」という悲しいことにならないよう、数ループ余計に編んで必要ループ数までほどいてもよいでしょう。

● 編み始めのループ
最初に作った糸輪の結び目は、細編みで編みとめた目と様子が違うこともあり、仕上がりの美しさを考えて器具から外す前にほどいてなくしてしまいます。ただし、結び目をほどくことで最初の1ループがなくなってしまいますので、編み始めのループがかかっている側は、必要ループ数より1ループ多く編んで左右のループ数を同じにしましょう。

● 編み終わりのこと
テープはブレード状に平らに使用する場合と、モチーフのように編み始めと終わりをつないで輪に使用する場合で、編み終わりの始末をかえています。(11ページ参照)
ブレード使用は最後の目をしっかり引き抜いて目をとめていますが、モチーフ使用では最後の目をそのまま引いてしまうことで、テープの編み終わりと始めのつなぎ目が自然な形状でつながるようにしています。

裏

浮いたループ

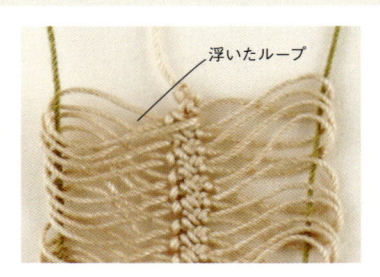

テープの"裏"
最後のループが編みとめられておらず、ループが浮いたようになっています。この浮いたループを押さえるように糸始末(16ページ参照)をするので、テープの裏となります。

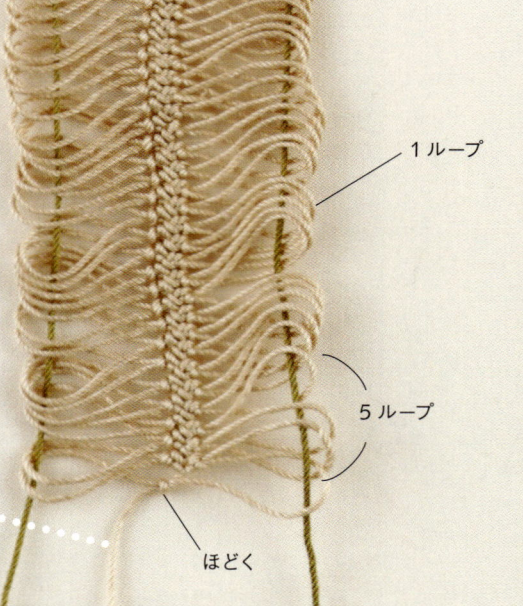

1ループ

5ループ

ほどく

ヘアピン器からループをはずす前に

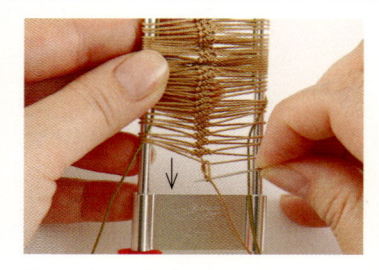

針先で突いて結び目をほどきます。器具から外した後で糸端を強く引くと、対の1ループも一緒に引けてなくなってしまうので注意しましょう。

12 My First Hairpin Lace

[編み図の見方]

作品の編み方は記号や数字からなる図解"編み図"で表され、作品を表から見た状態で書かれています。
写真のブレードは右のような編み図で表されます。
編むテープのループ数、まとめるループの数やループとループの間の編み目、編み始めから編み終わりまで、ひと目で分かるようになっています。

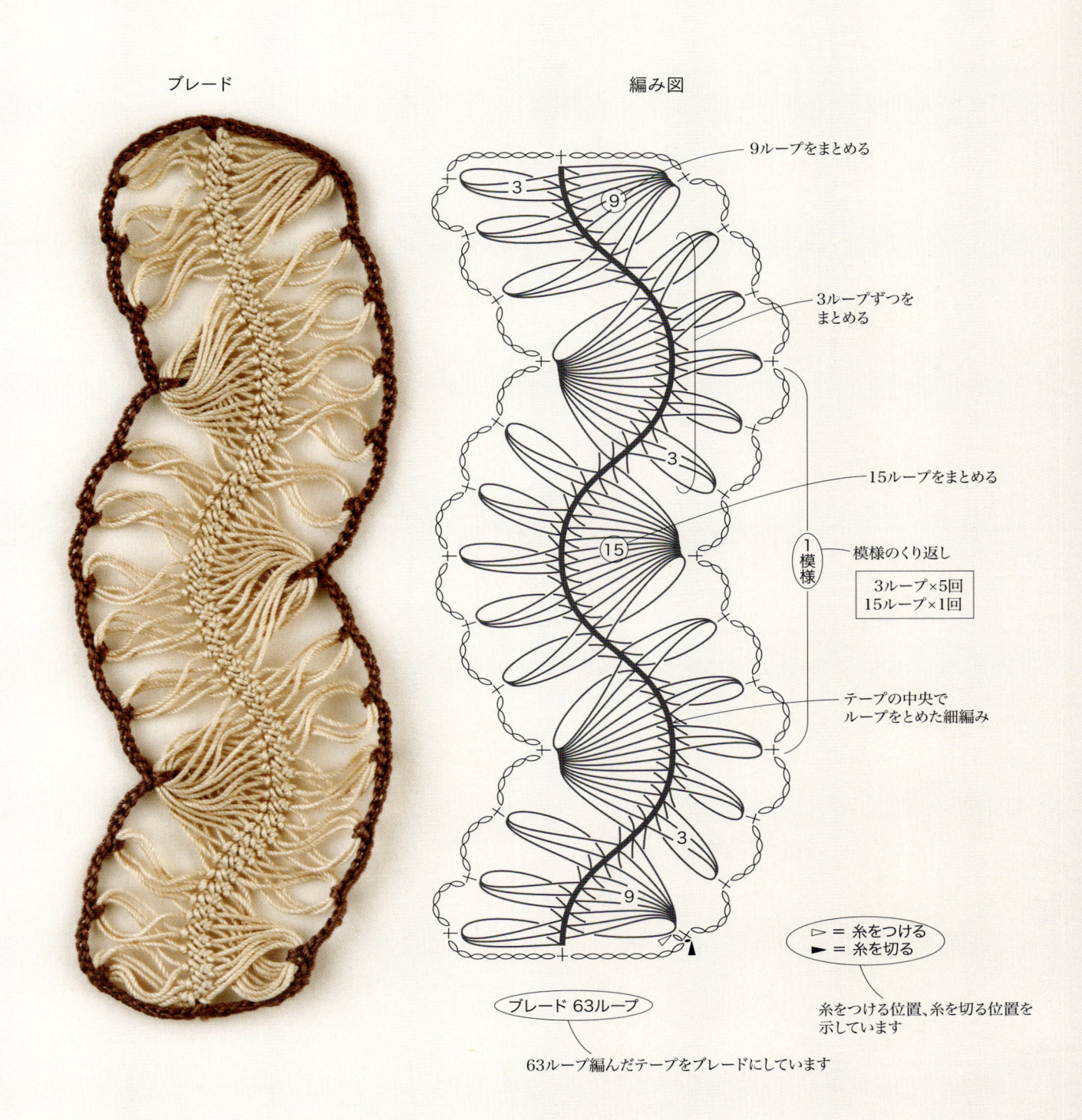

ブレード　　　　　　　　　　　編み図

- 9ループをまとめる
- 3ループずつをまとめる
- 15ループをまとめる
- 模様のくり返し　3ループ×5回　15ループ×1回
- テープの中央でループをとめた細編み
- ▷ = 糸をつける
- ▶ = 糸を切る
- 糸をつける位置、糸を切る位置を示しています

ブレード 63ループ

63ループ編んだテープをブレードにしています

lesson
小さなトートバッグのブレードを編んでつなぐ

※ 編み方のポイント

1. 63ループのテープを編みます。
2. 編み図のようにループをまとめながらテープに縁編みをしてブレードを編みます。
3. ブレードを2本編み、縁の2段めを編みながらつなぎます。
4. 用意しておいたモチーフをブレードとブレードの間に編みつけます。
5. つないだブレードのまわりを編み整えます。

1. 63ループ+1ループのテープを編み、ヘアピン器からループを外す前に編み始めの結び目をほどいて63ループのテープにします。

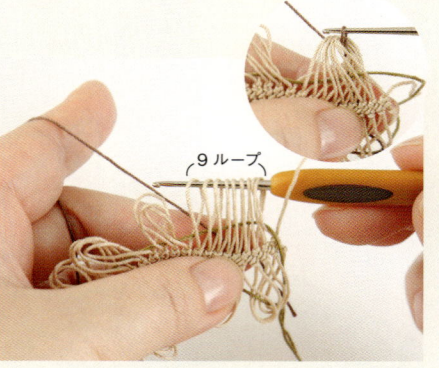

2. テープの編み始め側・9ループに針を入れ、糸をかけて引き出します。

3. 立ち上がりの鎖1目を編み、細編みを編みます。

4. 鎖を5目編みます。次に3ループに針を入れて糸を引き出し、細編みを編みます。

5. 3ループ+鎖5目を5回編み、続けて15ループに針を入れて細編みを編みます。

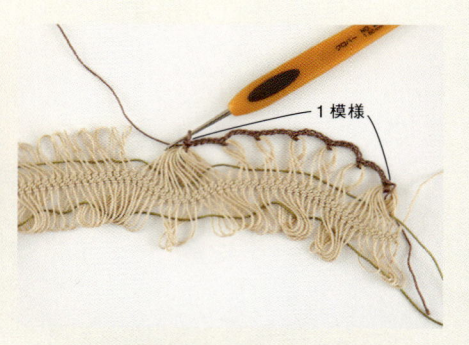

6. 間に鎖5目を編みながら3ループ×5回・15ループ×1回を編みまとめ、1模様が編めました。

14 My First Hairpin Lace

7. 端まで編めたらテープの向きをかえながら鎖を8目編みます。ループを編みとめた細編みに針を入れて細編みを編みます。

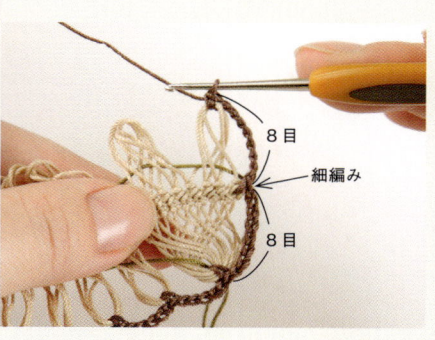

8. 鎖8目編みながらテープの下側を上にし、図を参照してもう半分のループを同様に編んでいきます。

9. ブレードを2本編みます。ブレードをつなぐ側にもう一段縁編みをし、2本めの縁編みで1本めのブレードにつなぎます。

10. ブレードのつなぎ位置で1本めのブレードに引き抜いてつなげます。

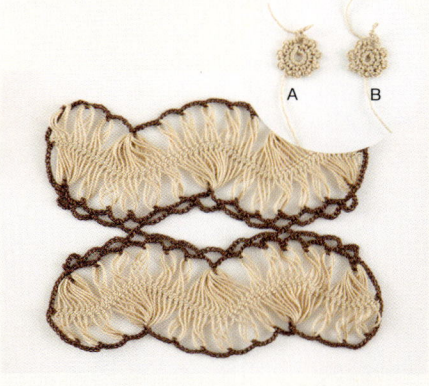

11. 2本のブレードがつながりました。ブレードの間に編み入れるモチーフA・Bを2段編んでおきます。

12. モチーフAです。モチーフの3段めを編みながらブレードの縁に細編みでつなぎます。

13. モチーフBは2枚編んで2カ所につなぎます。Aと同要領にブレードの縁に細編みでつなぎます。

14. ブレードつなぎのまわりに縁編みを編みます。ブレードの端に縁編みの糸をつけます。

15. 縁編みの1段めはブレードつなぎのまわりが真っすぐになるよう、ブレードの形状に合わせて編み整えます。

15

あんなとき、こんなとき

✤ 糸を足す…編んでいる途中でA糸からB糸へ糸をかえるときは…

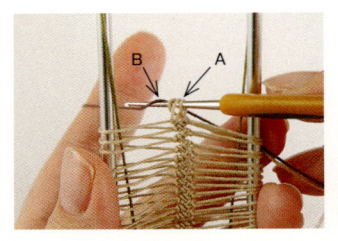

1. A糸で未完成細編みを編み、A糸の糸端も針にかけてB糸で引き抜きます。

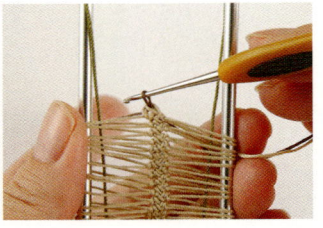

2. B糸がつきました。A糸の糸端はブレードの裏側で糸始末します。

仕上げについて

ドイリーやコースターなどはパリッとのりを効かせて仕上げたり、ヘアバンドやつけ衿などは糸の風合いを生かした仕上がりにするなど、自分の好みや作品に合わせて仕上げましょう。ブレード（モチーフ）はでき上がりの寸法に合わせてアイロン台などの上でピンを打ち、洗濯用のスプレーのりをつけてアイロンで軽く整えます。

✤ テープをカットする

時間のある時に長ーくテープを編んでおき、いざ作品にしようという時に必要なループ分をカットできるという賢いテクニックです。テープの編み始め側から必要ループ数までをカットして使いますが、カットした後でループが足りないといけないので、多めにカットしておき、必要数までほどくとよいでしょう。

1. テープを上下に引いて、カットする位置を広げます。

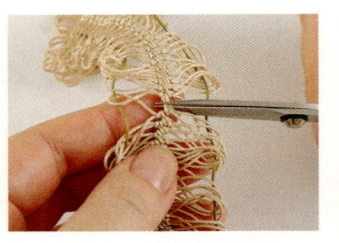

2. ループをとめる細編みにはさみを入れます。

3. テープをカットしたところです。

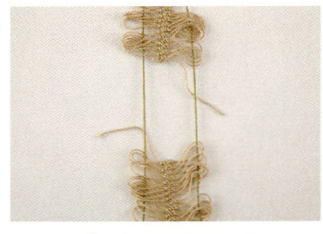

4. ループを上下に分けます。テープの細編みに残った切り端を除きます。

5. カットしたテープはゆっくり糸端を引いて必要ループ数までほどきます。

6. 必要ループ数になったら最後の目に引き抜いて目をとめます（モチーフの場合は最後の目を引いて目をとめます）。

✤ 糸始末…テープの編み終わりの糸端を始末します。　※ モチーフの場合はテープを輪にしてから糸始末します

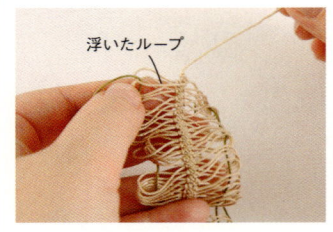

1. テープの裏で糸始末をします。最後のループが浮いている側が裏です。

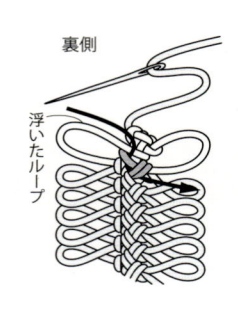

浮いたループ

裏側
浮いたループ

2. イラストを参照し、浮いたループを押さえるようにとじ針で編み目に針を通します。

3. 糸端は1〜2cmほど細編みの中に糸をくぐらせて短くカットします。

16 My First Hairpin Lace

いろいろな大きさの ヘアピン器で ブレードを編むと…

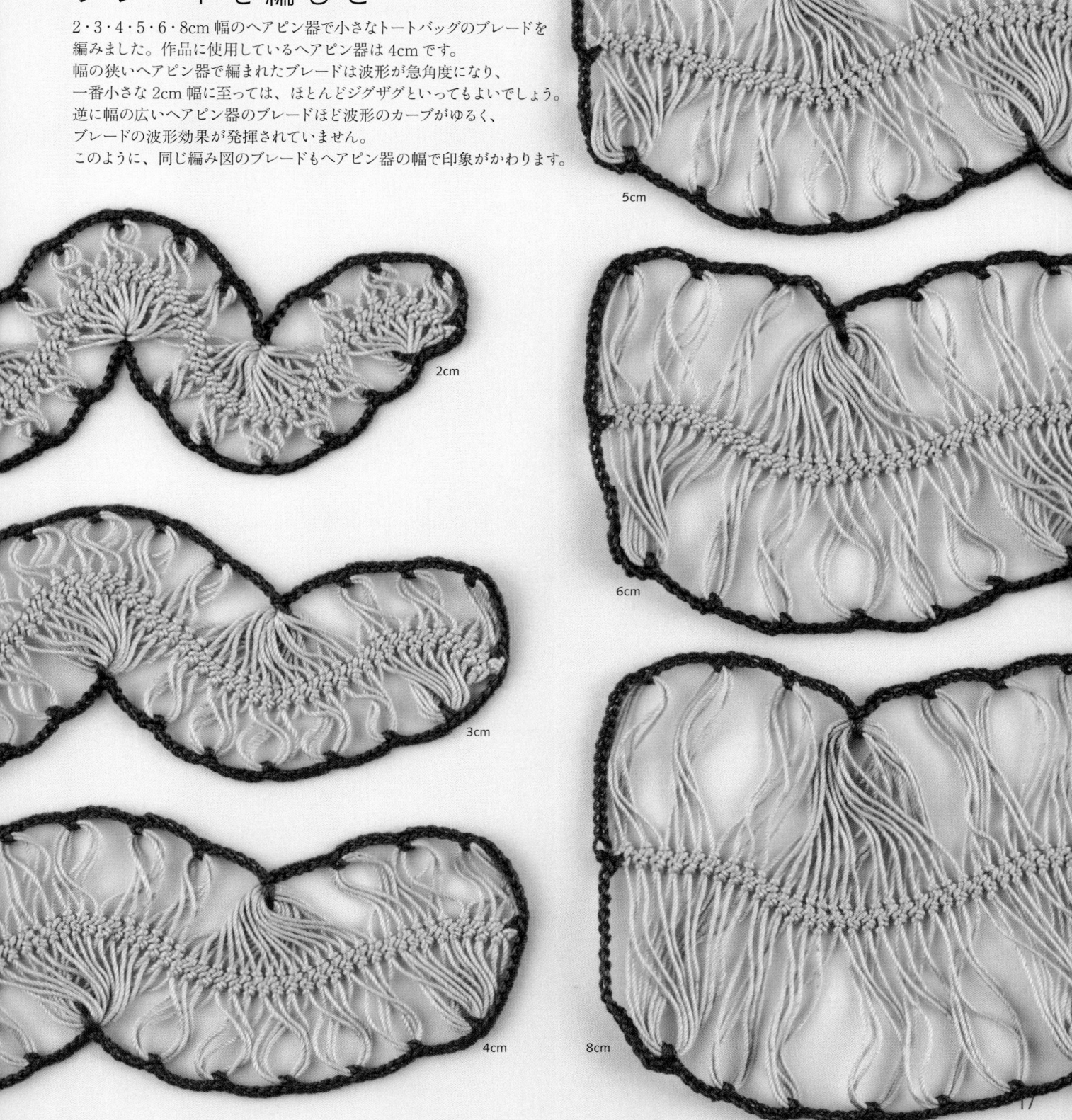

〈実物大〉

2・3・4・5・6・8cm幅のヘアピン器で小さなトートバッグのブレードを編みました。作品に使用しているヘアピン器は4cmです。
幅の狭いヘアピン器で編まれたブレードは波形が急角度になり、一番小さな2cm幅に至っては、ほとんどジグザグといってもよいでしょう。
逆に幅の広いヘアピン器のブレードほど波形のカーブがゆるく、ブレードの波形効果が発揮されていません。
このように、同じ編み図のブレードもヘアピン器の幅で印象がかわります。

5cm

2cm

6cm

3cm

4cm

8cm

ribbon
リボン

3ループずつ交差させたブレードを長ーく編んだリボンは、タイやヘア飾りに。
長く編むのは根気が必要なので、
初心者さん用には短いブレードを蝶ネクタイのリボンのように仕立ててみました。

編み方…68ページ
使用糸／オリムパス エミーグランデ、エミーグランデ〈カラーズ〉

18 My First Hairpin Lace

lesson
ループを交差させて編む

❄ 編み方のポイント

交差させる6ループに針を入れ、針先の3ループをくぐらせて編みまとめていきます。

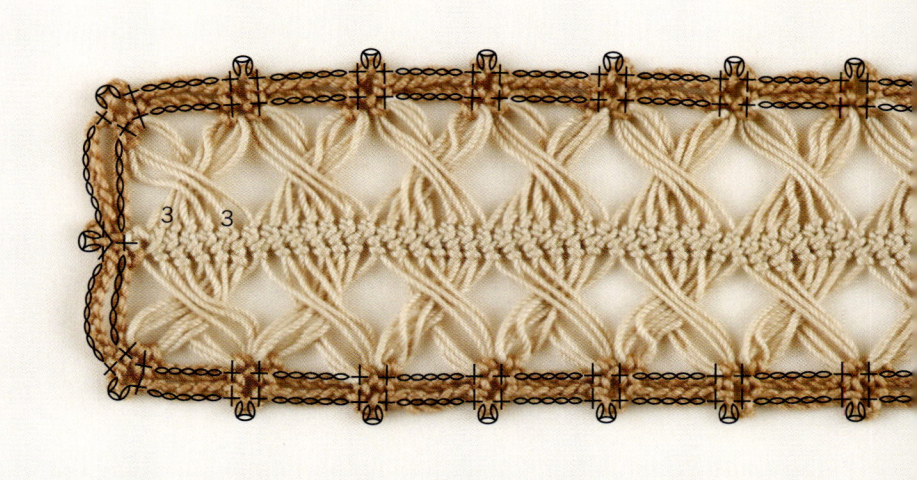

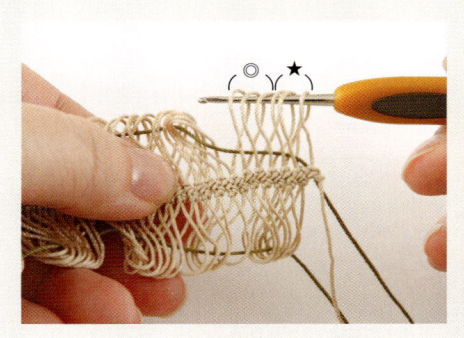

※ 写真では分かりやすいように作品とは違う色を使用しています。

1. 6目のループに針を入れ、★のループの中に◎のループをくぐらせて引き出します。

2. ループが交差されました。◎のループに糸をつけて細編みを編みます。

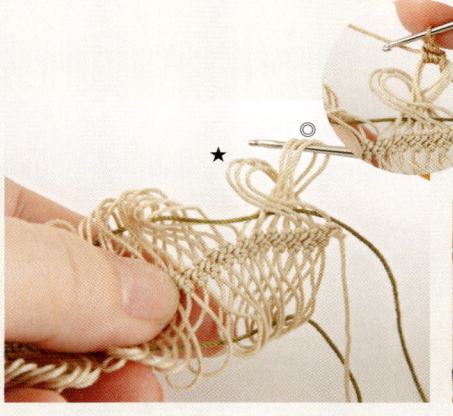

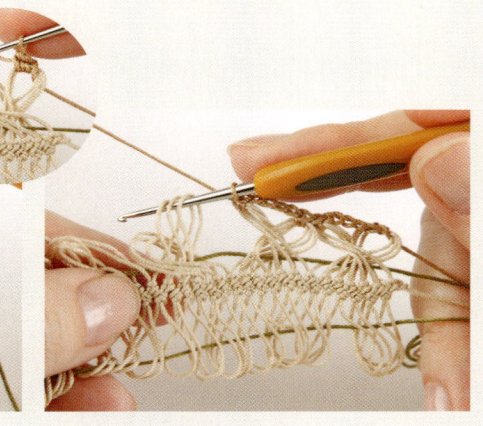

3. 3ループずつを交差させながら「細編み1・鎖5目・細編み1」をくり返します。

4. 端まで編めたらテープの向きをかえながら鎖を5目編み、ループを編みとめた細編みに針を入れて細編みを編みます。

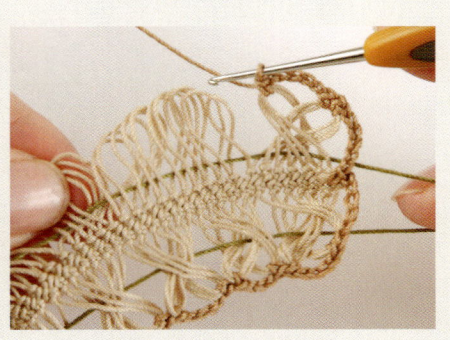

5. 鎖5目編みながらテープの下側を上にし、3ループずつを交差させます。

6. 下側の1模様が編めました。同様に編んでいきます。

katyusha+gom
カチューム

2本のテープを並べて6ループずつを交互に引き出す方法で組みつなぎました。
華奢なイメージの強いヘアピンレースも少しボリューム感のある仕上がりになります。

編み方…69ページ
使用糸／オリムパス エミーグランデ

lesson
ループ同士を組みつなぐ

※ 編み方のポイント

2本のテープを並べて、ループ同士でつないでいきます。ループがねじれないように針の向きを入れかえながらつなぎます。

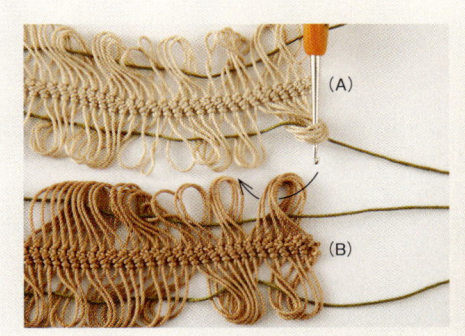

※ 写真では分かりやすいように作品とは違う色を使用しています。

1. 組みつなぐ2本のテープは編み方向を揃えて並べます。写真のように(A)の6ループに針を入れて(B)の6ループを引き出します。

2. ①ループを引き出したら一旦針を外します。②外したループの反対から針を入れかえ、矢印のように針を回します。

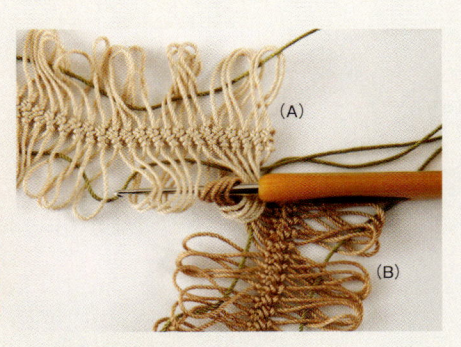

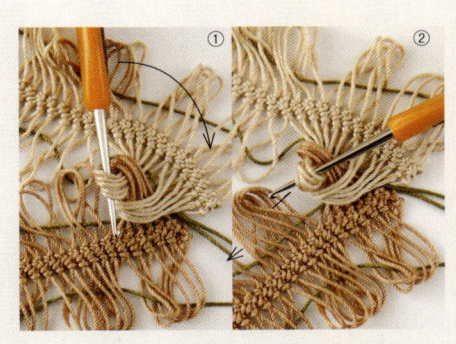

3. (A)のループに針を入れて引き出します。

4. ①ループを引き出したら一旦針を外し、反対から針を入れかえて矢印のように針を回します。②(B)のループに針を入れて引き出します。

5. 2〜4をくり返して端まで組みつなぎます。最後のループは針を外して目を休めておきます。

6. (B)の細編みに糸をつけて編み始めます。5で休めておいた最後のループも縁編みで編みまとめます。

belt
ベルト

60'sファッションを想わせるどこか懐かしい雰囲気のベルトです。
まとめたループの間に三つ巻き長編みを根元に編んだ真っすぐなブレード。
えび編みコードのひもをつけて、どこまでもハンドメイド。

編み方…69ページ
使用糸／オリムパス エミーグランデ〈ハーブス〉

lesson
テープの細編みに編みつける

❋編み方のポイント

テープをブレードに編みまとめる時、テープ中央のループを編みとめている細編みにも編むことができます。ここではテープの細編みの目を割って編みつけていますが、そっくり拾って編みくるむ場合もあります。

※ 写真では分かりやすいように作品とは違う色を使用しています。

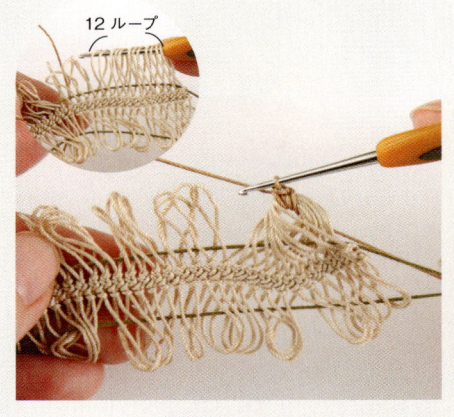

1. 端の12ループに針を入れ、糸をつけて細編みを編みます。

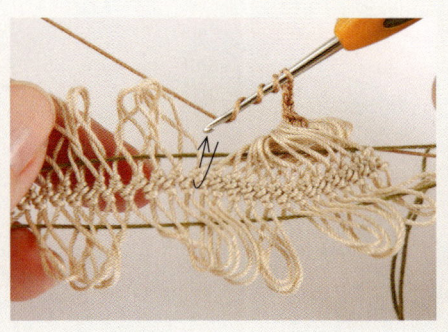

2. 鎖4目編んだら針に糸を3回かけ、テープの細編みに矢印のように針を入れます。

3. テープの細編みに三つ巻き長編みが編めました。「(ループに)細編み1・鎖4・(テープの細編みに)三つ巻き長編み1・鎖4」をくり返します。

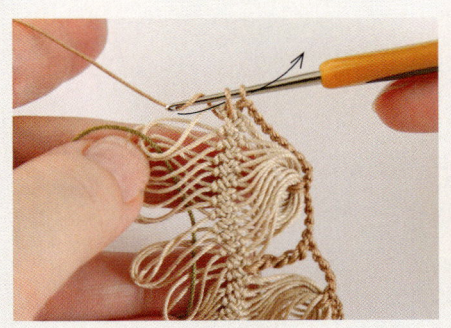

4. 端まで編めたらテープの向きをかえながら鎖を10目編み、ループを編みとめた細編みに針を入れて細編みを編みます。

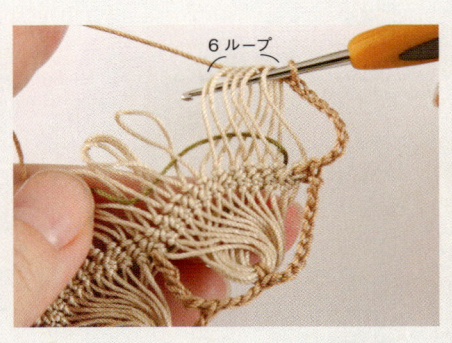

5. 鎖を10目編みながらテープの下側を上にし、6ループに針を入れて細編みを編みます。

6. 鎖4目編んだらテープの細編みに三つ巻き長編みを編みます。ブレードの上下の模様が互い違いになるように配置します。

accessory
ラリエットとピアス

ヘアピンレースというとブレードのイメージですが、
まとめたループを細編みで編みくるんだら楽しいモチーフに。
モチーフ一つでピアスに、いくつもつなげてラリエット、
ウェストに巻いてベルトにも。

編み方…70ページ
使用糸／オリムパス エミーグランデ

lesson
ブレードの小さなモチーフ

❋編み方のポイント

8ループのテープで編むモチーフです。4等分にしたループを芯に、細編みの縁をつけることで4弁の花モチーフになります。

※写真では分かりやすいように作品とは違う色を使用しています。

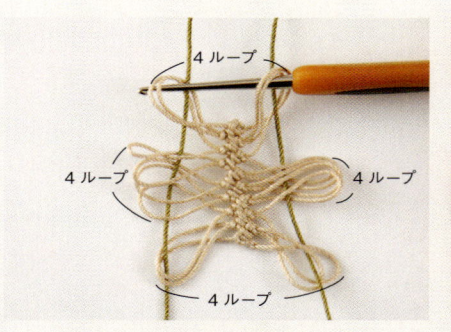

1. 8ループのテープを4等分にし、端の2ループずつ(4ループ)に針を入れます。

2. 糸をつけて細編みを8目編みます。

3. 鎖3目の引き抜きピコットを編みます。

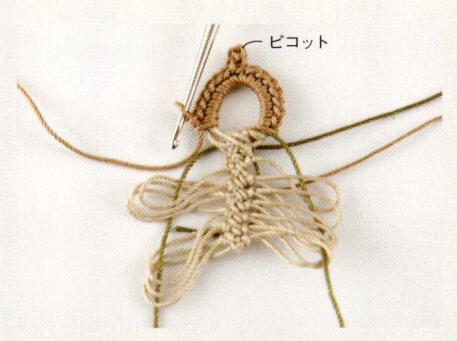

4. 続けて細編みを7目編みます。4ループを芯に細編みの縁をつけました。次の4ループに針を入れます。

5. テープを回しながら4ループずつに針を入れて細編みを15目編みます。

6. モチーフの2枚めからはピコットの2目めを引き抜き編みにかえて先に編んだモチーフのピコットにつなぎます。

25

edging
エジング〈ストレート〉

ループのまとめ方と縁編みの組み合わせでいろいろなエジングを作ることができます。
a 3ループずつを交差させています。下側は小さなジグザグで可憐な印象。
b 2ループずつをかぎ針で引き抜いてとめ、ネット編みで整えました。
下側はループに鎖編みを添わせて存在感のあるエッジに。
c 下側は1ループずつの引き抜き編み、
上側は3ループを交差させて1ループずつ細編みをしました。

編み方…72ページ
使用糸／オリムパス エミーグランデ

a

b

c

普段使いの小物に
さり気なくレースをあしらって、
フェミニンな気分を楽しみましょう。

かわいいお菓子の箱などを
レースでドレスアップ。
手づくりのプレゼントを入れても喜ばれそう。

27

braid
ブレード〈波形〉

ループをまとめる数と縁編みでさまざまな曲線を作ることができます。
a 3ループ×8回・8ループ×3回をくり返して、大きな波形が華やかです。
b 10ループずつをまとめたトップに2つのピコットをあしらって、
かわいいブレードになりました。
c トートバッグ（7p）に使用したブレードの応用です。
2ループ×5回・10ループ×1回をまとめたやさしい印象のゆるいウエーブ。

編み方…73ページ
使用糸／オリムパス エミーグランデ

a

b

c

28 My First Hairpin Lace

存在感のある太めのブレードは
お気に入りのファブリックなどと合わせて、
インテリアのアクセントにいかがでしょう。

※くるくるモチーフ

ヘアピンレースのもう一つの基本"モチーフ"。
ブレードの編み始めと終わりをつないで、円形に仕立てます。
中心のまとめ方、縁編みの工夫でバリエーションが広がります。

step1
テープの片側のループに
糸を通して引きしめ、
モチーフの中心にします。

step3
ヘアピンレースのモチーフが完成です。

step2
テープの編み始めと終わりをつないだら、
外まわりのループをかぎ針編みで
まとめていきます。

30 My First Hairpin Lace

doily
モチーフつなぎのドイリー

モチーフを4枚つなぎ、まわりを深いブルーで縁編みしました。
丸いモチーフもつなぐ位置と縁編みで面白い形のドイリーに。
カラーはお部屋の雰囲気にあわせて選びましょう。

編み方…74ページ
使用糸／ディー・エム・シー バビロ 10番

lesson
モチーフつなぎのドイリー

※編み方のポイント

1 60ループのテープを編みます。
2 テープの片側のループに糸を通して引き結び、テープの編み始めと終わりをつないで丸くします。
3 編み図のように外まわりのループをまとめながらモチーフを編みます。
4 2枚めのモチーフからは、先に編んだモチーフにつなぎながら編みます。
5 つないだモチーフのまわりに縁編みをします。

※写真では分かりやすいように作品とは違う色を使用しています。

1. 60ループ＋1ループのテープを編み、編み始めの結び目をほどいて60ループのテープにします。テープの編み終わりは写真のように最後の目を引いて目をとめます。

2. とじ針にテープの共糸を通しておきます。テープの片側のループにとじ針で2重に糸をくぐらせます。

3. テープに通した糸はループが乱れないようにゆっくり引き縮めます。

4. 引き縮めた糸端を固く結びます。モチーフの中心になります。

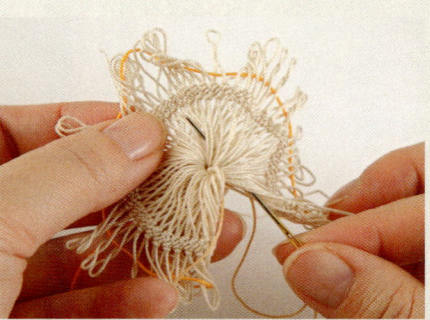

5. 中心を締めた糸端はとじ針でループの中へくぐらせて始末します。

● テープの編み始めと終わりをとじ針でつなぐ

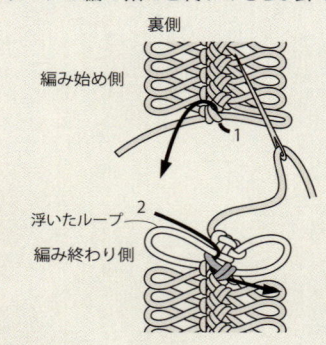

裏側
編み始め側
浮いたループ
編み終わり側

編み終わりの糸を使い、表側から矢印1のように針を入れ、裏に返して矢印2の順に針を入れてつなぎます。

32 My First Hairpin Lace

6. イラストの矢印1のように針を入れて裏側へ糸を出します。矢印2は最後の浮いたループをとめるように針を入れます。

7. 矢印2のように針をくぐらせました。糸端は1cmほどテープの細編みにくぐらせて短く切ります。テープが輪につながりました。

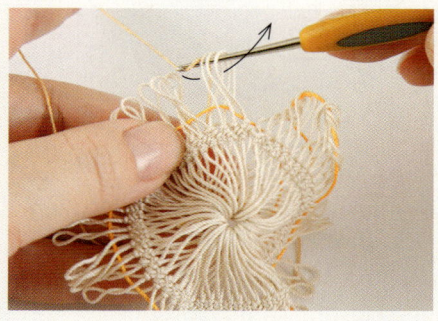

8. モチーフの外まわりの3ループに針を入れて糸をつけます。

9. 3ループをまとめて細編みを編みました。

10. 「細編み1目・鎖5目」をくり返して3ループずつをまとめます。

11. 最後は編み始めの細編みに引き抜いてモチーフが編めました。

12. モチーフの2枚めからは、先に編んだモチーフにつなぎながら編みます。つなぎ位置で矢印のように針を入れます。

13. 鎖5目の3目めを引き抜き編みにかえてつなぎます。

14. 2カ所つなぎました。編み途中のモチーフの続きを編みます。

33

いろいろな大きさのヘアピン器でモチーフを編むと…

2・3・4・5・6・8cm幅のヘアピン器でモチーフつなぎのドイリーのモチーフを編みました。
作品に使用しているヘアピン器は4cmです。
モチーフの場合、幅の違うヘアピン器で作ったテープを同じ編み図で編むことができません。
ヘアピン器の幅が違うということは、それぞれループの長さが違ってしまい、
丸くまとめた時の外周の寸法もかわってしまうからです。
仮に、作品と同じ4cm幅のヘアピン器で編んだ、60ループ「細編み1目・鎖5目」を
違う幅のヘアピン器のテープで編んだ場合を考えてみましょう。
幅の狭いヘアピン器はループが多すぎでフリル状になり、
幅の広いヘアピン器ならループが足りなくておちょこのようになります。
きれいな丸モチーフにはヘアピン器の幅に合ったループ数と、ループのまとめ方が重要になります。

〈実物大〉

8cm

My First Hairpin Lace

2cm

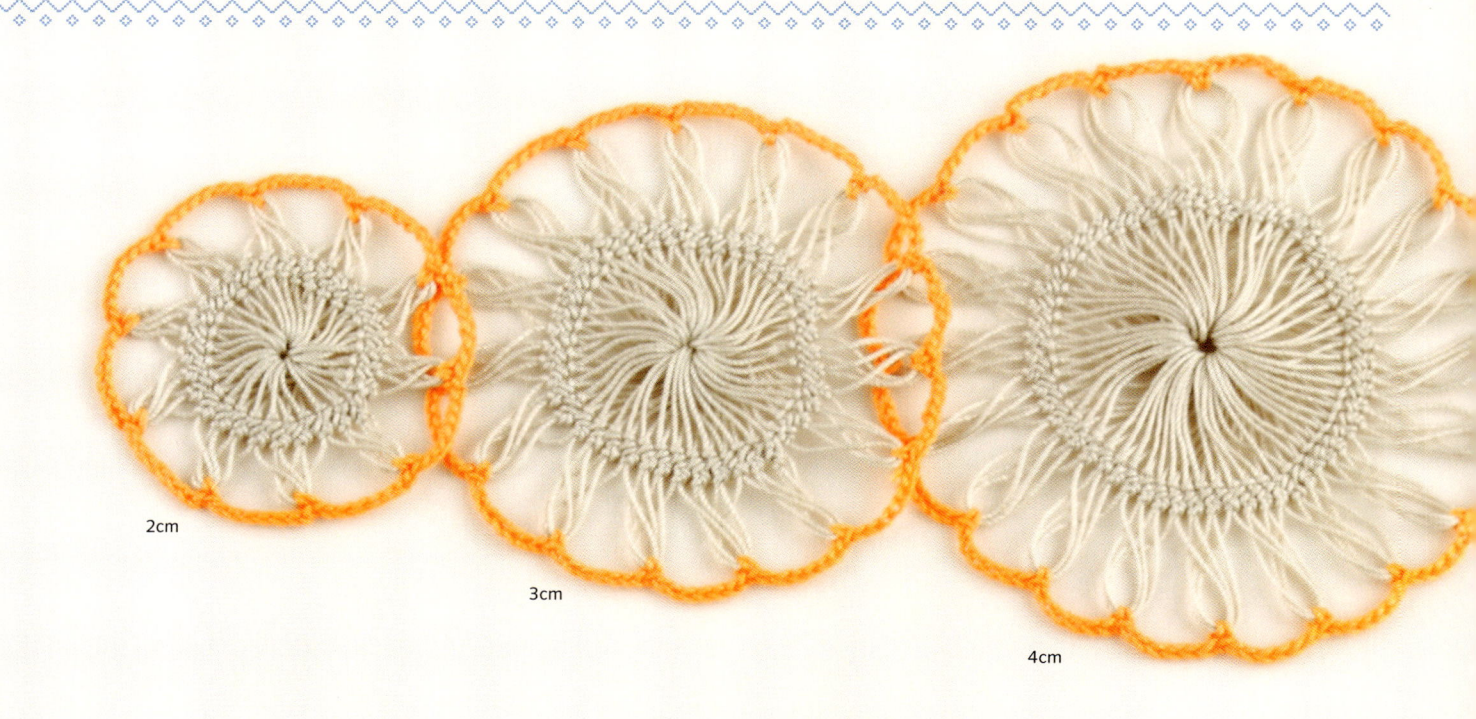

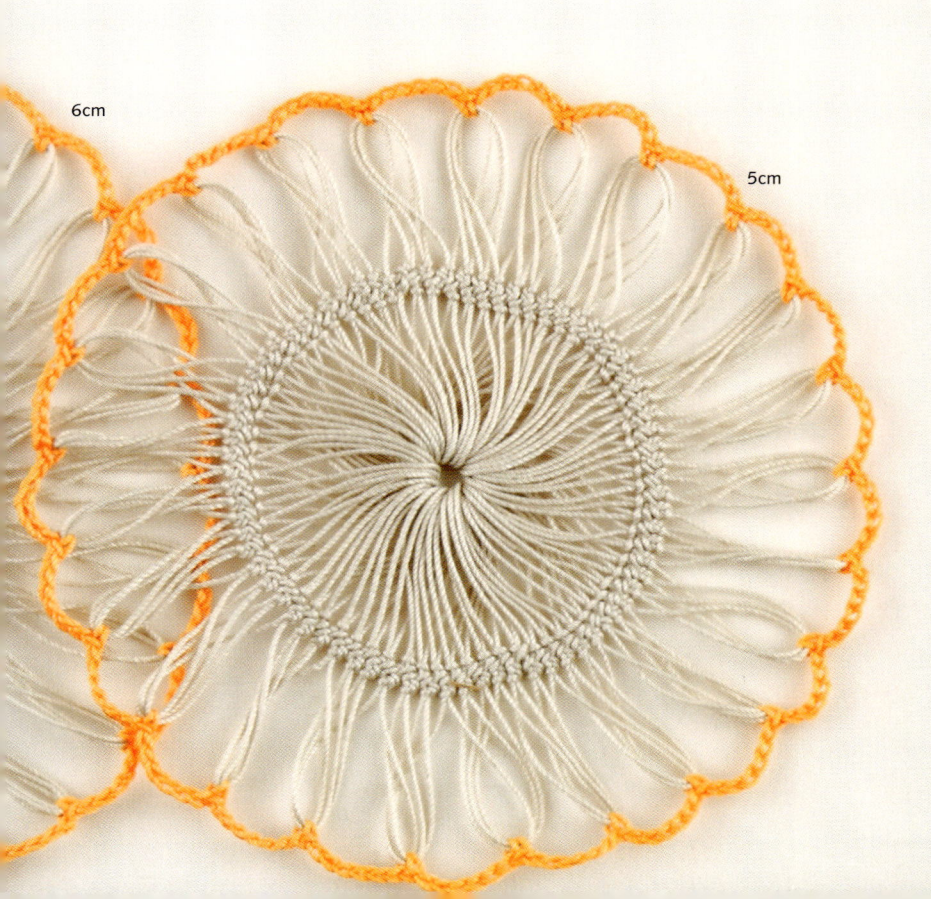

3cm

4cm

6cm

5cm

●丸モチーフのループ数の決め方
ヘアピン器 4cm 幅、レース針 2 号で編んだテープを基本にした場合で割り出しをしてみました。
使用糸／ディー・エム・シー バビロ 10 番
ゲージ／10cm で 36 ループ
ループを編みとめる細編みの目数（ループ数）を計算します。

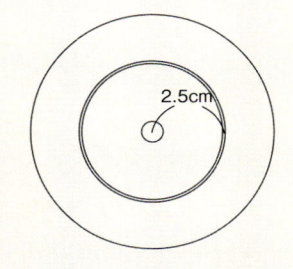

2.5cm

直径 5cm（モチーフの中心からテープの中央まで×2）
×3.14（円周率）≒ 16cm（円周）
16cm（円周）× 3.6 ループ（1cm あたりのループ数）
＝ 57.6 ループ ≒ 60 ループ（※）
※ モチーフの外まわりを 3 ループずつでまとめるので、3 の倍数のループ数にします。

●ヘアピン器 4cm 幅で編んだゲージを基本に…
2cm 幅 /30 ループ・間の鎖 7 目
3cm 幅 /45 ループ・間の鎖 7 目
4cm 幅 /60 ループ・間の鎖 6 目
5cm 幅 /75 ループ・間の鎖 6 目
6cm 幅 /90 ループ・間の鎖 5 目
8cm 幅 /120 ループ・間の鎖 5 目

mat
マルチマット

31pのモチーフの中心部分を6ループずつ細編みでまとめてアレンジしたモチーフ。
どんどんつなげていけば、テーブルセンターやベッドカバーなど大きな作品も作れます。

編み方…75ページ
使用糸／ディー・エム・シー セベリア10番

lesson
モチーフの中心を編みまとめる

※編み方のポイント

モチーフの中心部分を編みまとめる分、モチーフが大きくなるので必要ループ数も多くなります。
直径6cm（モチーフの中心からテープの中央まで×2）×3.14（円周率）≒19cm（円周）
19cm（円周）×3.6ループ（1cmあたりのループ数）＝68.4ループ≒72ループ（※）
※ モチーフの中心を6ループずつでまとめるので、6の倍数のループ数にします。

※ 写真では分かりやすいように作品とは違う色を使用しています。

1. 72ループのテープを編みます。端の6ループに針を入れて糸をつけます。

2. 6ループずつに針を入れ、細編みを編んでいきます。

3. テープの片側が細編みで編みとめられて丸くなりました。

4. 編み始めの細編みに引き抜いてつなぎます。

5. 編み終わりの糸を使い、テープを丸くつなぎます。（32p参照）

6. モチーフの外まわりのループを「細編み1目・鎖5目」をくり返して3ループずつをまとめます。

coaster
コースター

ティータイムが楽しくなりそうなきれい色コースター。
オレンジは中心を8ループずつまとめ、外まわりは1ループずつを1回ねじっています。
グリーン段染めは中心に糸を通してまとめ、外まわりを1ループずつすくって縁を編みます。

編み方…76ページ
使用糸／ディー・エム・シー バビロ10番

38 My First Hairpin Lace

lesson
ループをねじって編む

※ **編み方のポイント**

モチーフの外まわりは1ループずつをねじって編みまとめていきます。

※ 写真では分かりやすいように作品とは違う色を使用しています。

1. 64ループのテープを編み、モチーフの中心を8ループずつまとめて丸くします。

2. 外まわりの1ループに針を入れ、矢印のように針先を回転します。

3. ループがねじれました。

4. 糸をつけ、細編みを1目編みます。

5. 鎖を1目編み、1ループに針を入れて針先を回転し、ループをねじります。

6. 1ループずつをねじりながら「細編み1目・鎖1目」をくり返します。

39

jugcover
ジャグカバー

ヘアピンレースを2重に使ったaのジャグカバーは、
黄色のビーズを入れてどこか懐かしいレトロ調。
中心にクロッシェモチーフを入れたbのジャグカバーは、
白い勾玉とオレンジのビーズで明るく華やかに。

編み方…80ページ
使用糸／ディー・エム・シー バビロ10番

40 My First Hairpin Lace

lesson
中心にクロッシェモチーフをつなぐ

❋ 編み方のポイント

クロッシェモチーフの最終段を編みながらテープとつないでいきます。その時、テープを手前に持ってつないでいくので、クロッシェのモチーフは最終段だけ編み方向が逆になります。

※ 写真では分かりやすいように作品とは違う色を使用しています。

1. クロッシェモチーフを4段まで編みました。5段めの鎖の立ち上がり1目と細編み1目、鎖1目編んだところです。
※ 実際はクロッシェモチーフの共糸で続けて編みます。

2. 120ループのテープをクロッシェモチーフとつなぎます。

3. テープを手前にクロッシェモチーフを逆さに持ち、2ループに針を入れて糸を引き出し、引き抜きます。

4. 2ループずつに針を入れ、引き抜き編みを5回しました。

5. 鎖1目編み、写真のようにクロッシェモチーフに針を入れて細編みを1目編みます。

6.「クロッシェモチーフに細編み1目・鎖1目、テープに2ループずつ引き抜き5目・鎖1目」をくり返してつなぎます。

tippet
モチーフつなぎのつけ衿

雪の結晶をイメージした繊細なモチーフをつないで、衿先にはスレッドコードをつけました。
お気に入りの服にあわせて、特別な気分を楽しみましょう。

編み方…78ページ
使用糸／ディー・エム・シー バビロ10番

42 My First Hairpin Lace

lesson
ループを交差させたモチーフ

※編み方のポイント

モチーフの外まわりは2ループずつを交差させて編みまとめます。

※ 写真では分かりやすいように作品とは違う色を使用しています。

1. 64ループのテープを編みます。モチーフの中心は8ループずつを細編みでまとめ、テープの編み終わりと始めをつなぎます。

2. モチーフの外まわりの4ループに針を入れ、★のループの中に◎のループをくぐらせて引き出します。

3. ループが交差されました。◎のループに糸をつけて細編みを2目編みます。

4. 鎖を5目編み、★のループに細編みを2目編みます。1模様編めました。

5. 2模様めも同様に、4ループに針を入れてループを交差させ、細編みを2目編みます。

6. 2ループずつを交差させながら「細編み2目・鎖5目・細編み2目」をくり返します。

doily
四角・六角形・ハート・だ円のドイリー

丸ばかりじゃつならない！ カタチいろいろモチーフ応用編。
中央のループをまとめる数と縁編みで、いろんなカタチのモチーフを作ることができます。
ワンポイントとしてアップリケにもいかがでしょう。

編み方…77ページ
使用糸／ディー・エム・シー セベリア10番

44 My First Hairpin Lace

lesson
だ円のモチーフ

❋ 編み方のポイント

中心のまとめ方、縁編みの編み方でいろいろな形状のモチーフを編むことができます。だ円の中心はループを多く拾うことでカーブを作り、平らな部分はネット状に中心をつなぎながら編んでいます。

※ 写真では分かりやすいように作品とは違う色を使用しています。

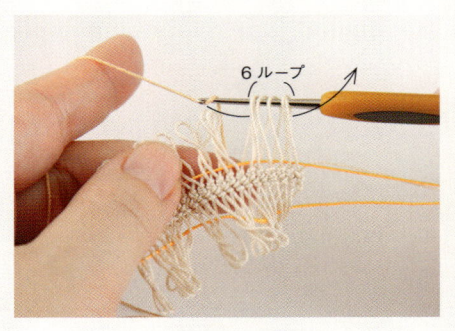

1. 96ループのテープを編みます。端の6ループに針を入れて糸をつけます。

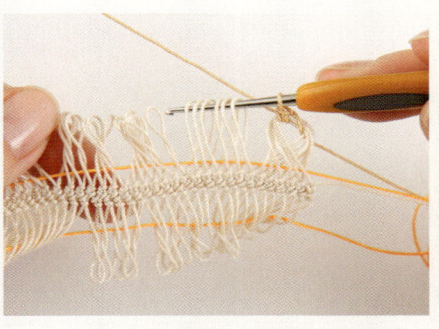

2. 6ループずつを細編みで編みまとめていきます。

3. 「6ループずつに細編み1目編む」を6回くり返します。だ円のカーブ（★）が編めました。

4. 鎖5目編み、3ループずつに針を入れて細編みで編みまとめます。「細編み1目・鎖5目」をくり返します。

5. 3と同様に反対端のカーブ（◎）を編みます。

6. 続けて3ループずつを編みまとめていきますが、間の鎖は3目めを引き抜き編みにかえて向かい合うネット編みに引き抜いてつなぎます。

45

※ ヘアピンレースのかわいい小もの

基本を理解したら、ヘアピンレースはとっても簡単・面白い！
「もっと編みたい」の気持ちが膨らんだら、
ブレードとモチーフをアレンジした小ものたちに挑戦してみましょう。

tippet
ブレードのつけ衿

2本のブレードをつなげたシックでエレガントな雰囲気のつけ衿です。
衿の外側は1ループずつ細かく縁をつけてフリルにしました。

編み方…71ページ
オリムパス エミーグランデ〈ハーブス〉

bag
小さなバッグ

ブレードをU字型にまとめた小バッグと、外側にもう一周ブレードをプラスした中バッグ。
コロンとした丸い形が可愛らしいです。
小バッグはキーやカードなど、バッグの中で迷子になりがちな小さなもの入れに。

編み方…82ページ
使用糸／ディー・エム・シー バビロ10番

hair accessory

シュシュ

何重にも重なる花びらいっぱいのシュシュは二つ折りにしたブレードにヘアゴムを挟んで編みます。
ベージュは6cm幅、ブラウンは4cm幅のヘアピン器で作りました。

編み方…59ページ
使用糸／オリムパス エミーグランデ〈ビジュー〉

48 My First Hairpin Lace

shawl
ブレードとモチーフのミニショール

どんな色の服にも調和してくれるナチュラルカラーのショール。
ネット編みのショールは衿側を4cm幅のブレードでアレンジ。
裾に下げたお花のモチーフは2cm幅のヘアピン器で編みます。

編み方…50ページ
使用糸／オリムパス エミーグランデ

shawl
ブレードとモチーフのミニショール
写真…49ページ

[材料と用具] 糸…オリムパス エミーグランデ ベージュ（731）80g
用具…ヘアピン器 4cm幅・2cm幅　針…レース針2号
[でき上がり寸法] 図参照
[編み方ポイント] ブレード（4cm幅）276ループ　モチーフ（2cm幅）28ループ×25本
モチーフの中心は糸を通してしぼり、テープの編み始めと終わりをつないで輪にします。外まわりは4ループずつを編みまとめて縁を編みます。
ブレードは図を参照して下側を3ループずつの交差、上側を6ループずつ編みまとめ、続けてショールの模様編みを編みます。ブレードの下側に糸をつけ、縁編みA、Bを1段編み、続けて縁編みAの2段めを編みますが、指定の位置でモチーフのピコットに引き抜いてつなぎます。

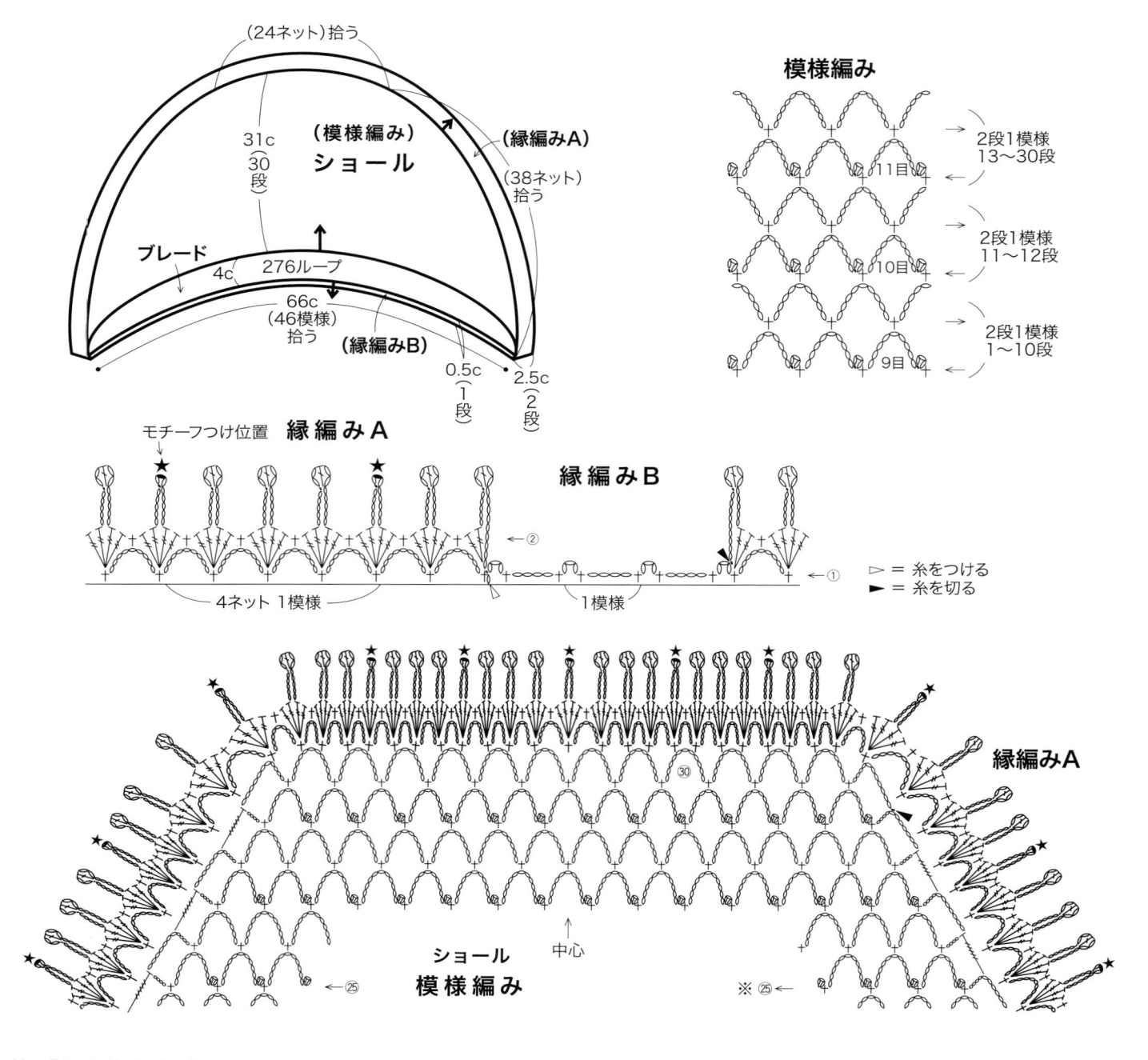

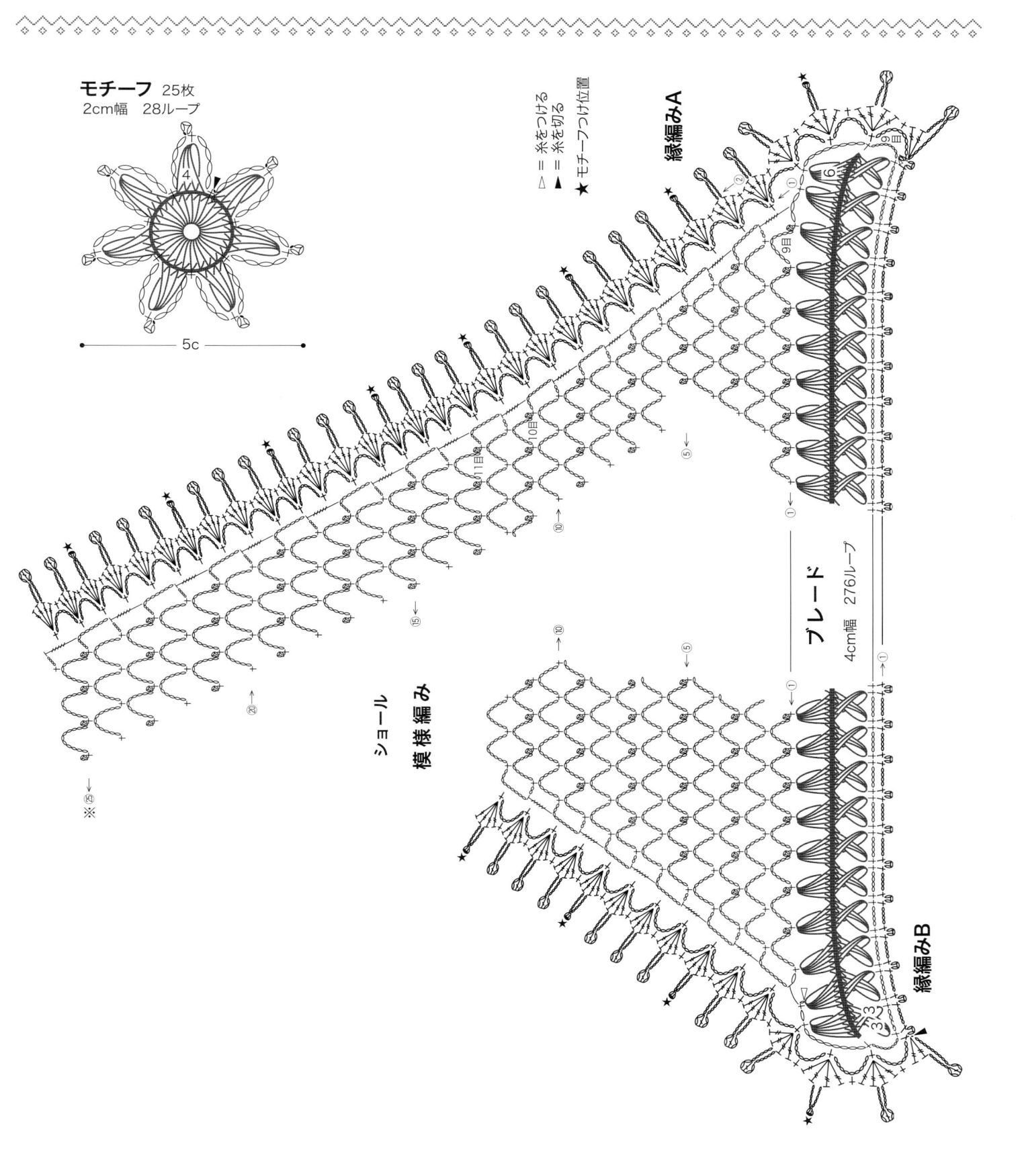

モチーフ 25枚
2cm幅 28ループ

5c

△ = 糸をつける
▲ = 糸を切る
★ = モチーフつけ位置

縁編みA

ブレード
4cm幅 276ループ

ショール
模様編み

縁編みB

pouch

巾着

中心に小さなクロッシェをつないだ
ヘアピンモチーフを底に、
3本の波形ブレードをつなぎました。
かわいらしい丸みのある巾着に仕上がりました。

編み方…54ページ
使用糸／オリムパス エミーグランデ

52 My First Hairpin Lace

tissue case & mini pouch
ティッシュケースとミニ巾着

元気カラーが鮮やかな、やさしく編める小物たち。
ティッシュケースは短い4本のブレードを編みつなぎます。ミニ巾着は52pの巾着の底と同じ要領です。

編み方…55ページ
使用糸／ディー・エム・シー バビロ10番

pouch
巾着
写真…52ページ

[材料と用具] 糸…オリムパス エミーグランデ モスグリーン（288）／ライトベージュ（810）各30g
用具…ヘアピン器4cm幅　針…レース針2号
[でき上がり寸法] 幅22cm、深さ20cm
[編み方ポイント] ブレードA 120ループ、B 168ループ、C 168ループ、モチーフ 72ループ
底のモチーフの中心から編み始めます。クロッシェモチーフの2段めでモチーフのループを編みまとめながらつなぎ、テープの編み始めと終わりをつないで輪にします。モチーフの外まわりは3ループずつを編みまとめ、2段めでAのブレードが手前になるように持ちかえてつなぎながら編みます。B、Cのブレードも図を参照してAと同様につなぎます。入れ口にネット編みを編みます。ひもはスレッドコード（59ページ参照）で編み、ひも通し位置に通します。

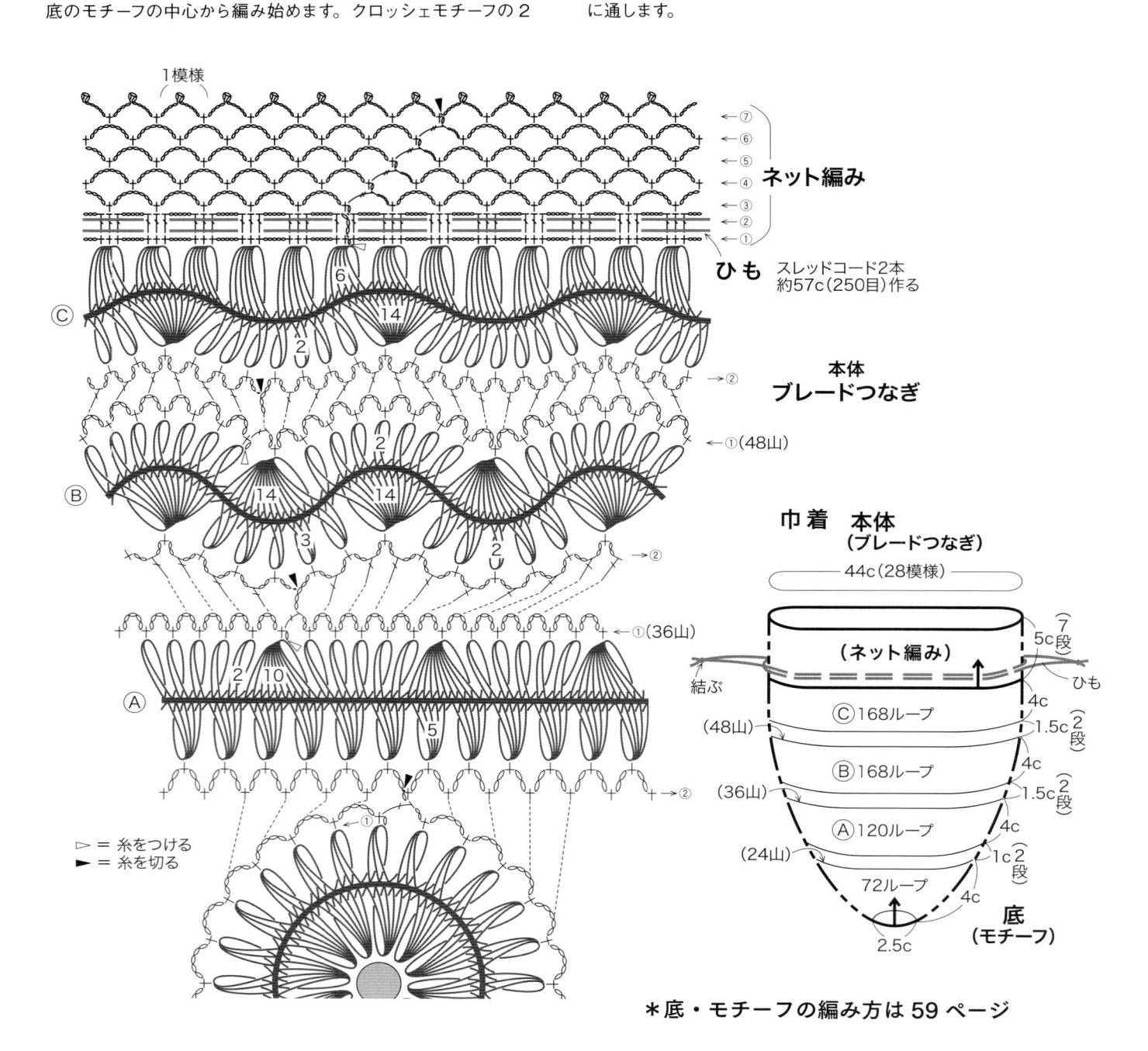

▷＝糸をつける
▶＝糸を切る

*底・モチーフの編み方は59ページ

54 My First Hairpin Lace

tissue case & mini pouch
ティッシュケースとミニ巾着
写真…53 ページ

[材料と用具] 糸…ディー・エム・シー バビロ 10 番　ティッシュケース オレンジ (741) 10g/ ミニ巾着 オレンジ (741)、グリーン段染め (114)、パステルブルー (799) 各 5 g
用具…ヘアピン器 4cm 幅　針…レース針 2 号
その他…綿ブロード 15cm × 20cm
[でき上がり寸法] ティッシュケース 13cm × 9cm/ ミニ巾着 幅 9cm、深さ 7cm
[編み方ポイント] ティッシュケース ブレード 48 ループ × 4 本 / ミニ巾着 モチーフ 60 ループ

ティッシュケース　図を参照して 4 本のブレードを編みつなぎます。折り返し位置でたたんで両脇を巻きかがりにし、入れ口に細編みを 1 段編みます。内布を作ってケースに入れ、入れ口にまつりつけます。

ミニ巾着　底のモチーフの中心から編み始めます。クロッシェモチーフの 2 段目でモチーフのループを編みまとめながらつなぎ、テープの編み始めと終わりをつないで輪にします。モチーフの外まわりは 3 ループずつを編みまとめ、続けて入れ口のネット編みを編みます。ひもはスレッドコード (59 ページ参照) で編み、ひも通し位置に通します。

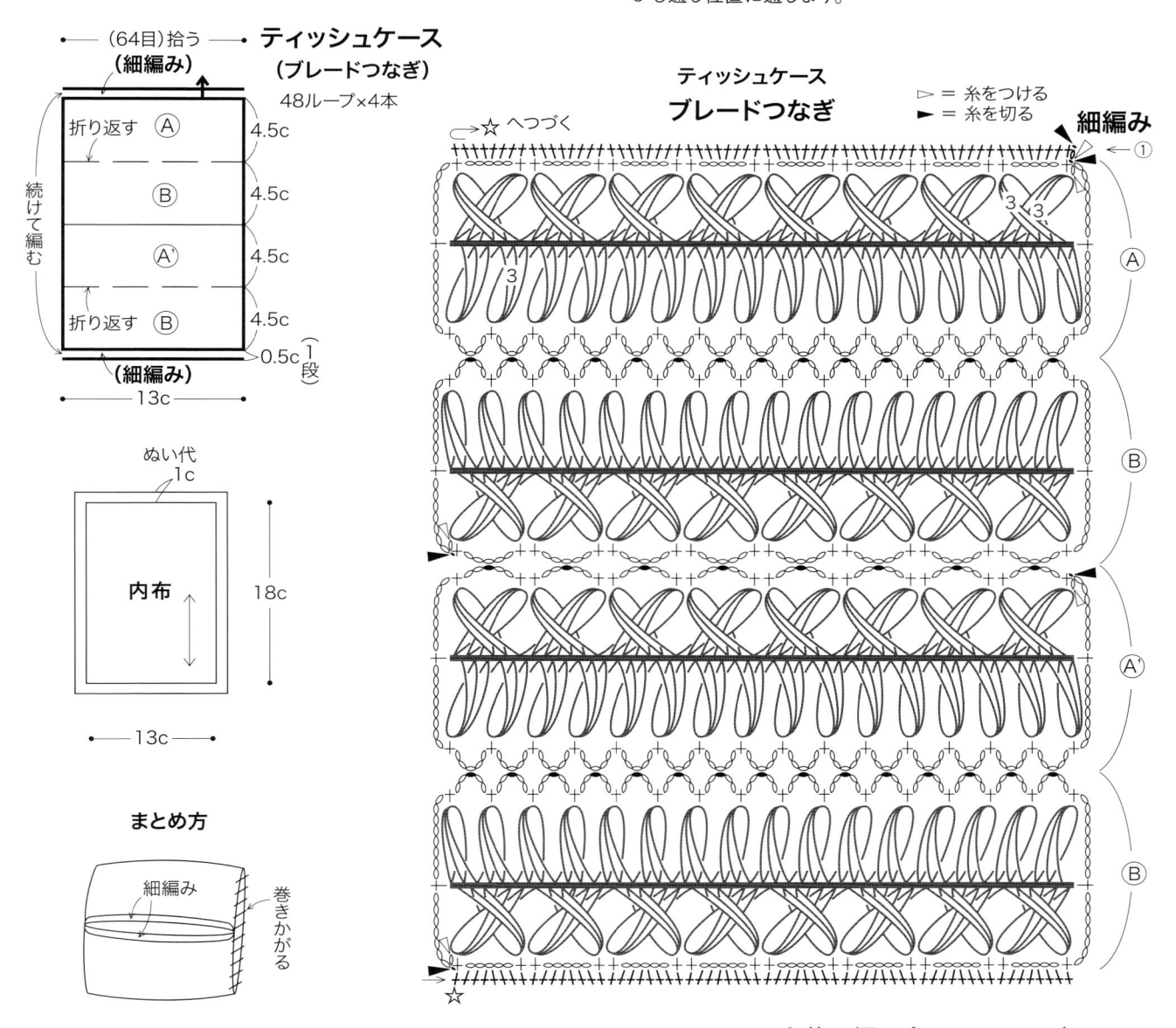

*ミニ巾着の編み方は 66 ページ

motif
蝶と葉っぱといも虫のモチーフ

まとめたループを細編みで編みくるむラブリーなモチーフたち。
ブローチピンやコーム、バレッタの金具につけたり、ワンポイントにアップリケしてもかわいい。

編み方…58ページ
使用糸／ディー・エム・シー バビロ10番

57

motif
蝶と葉っぱといも虫のモチーフ
写真…56 ページ

[材料と用具] 糸…ディー・エム・シー バビロ 10 番　蝶 生成り（ECRU）、オレンジ段染め（90）各 2 g ／ 葉っぱ 生成り（ECRU）、グリーン段染め（114）各 2 g ／ いも虫 生成り（ECRU）、ブルー段染め（93）各 1 g
用具…ヘアピン器 4cm 幅　針…レース針 2 号
[でき上がり寸法] 図参照

[編み方ポイント] ブレード 蝶 16 ループ×2 本／葉っぱ大 18 ループ・小 14 ループ／いも虫 16 ループ
蝶　羽はブレードを左右対称に 2 枚編み、突き合わせて巻きかがりでつなぎます。胴体を編み、羽の裏側にまつりつけます。
葉っぱ　大・小とも茎から編み始め、図を参照して 4 ループずつを編みまとめます。
いも虫　図を参照してループを編みまとめます。

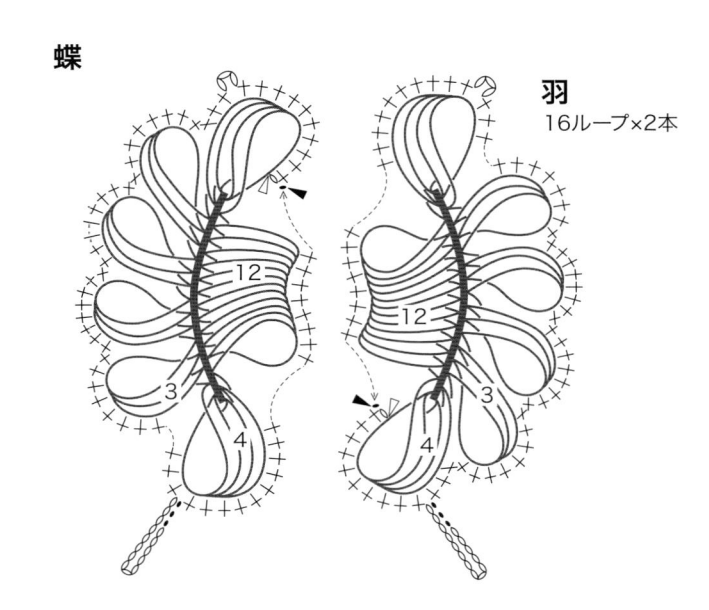

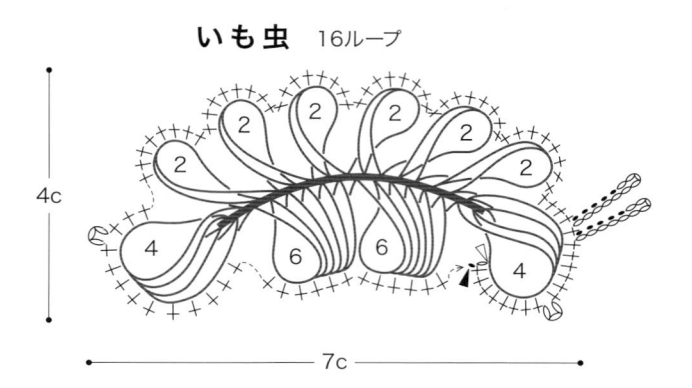

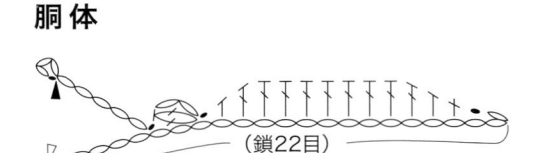

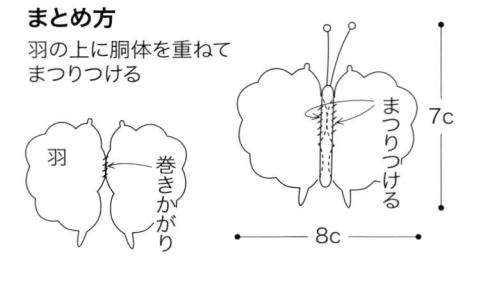

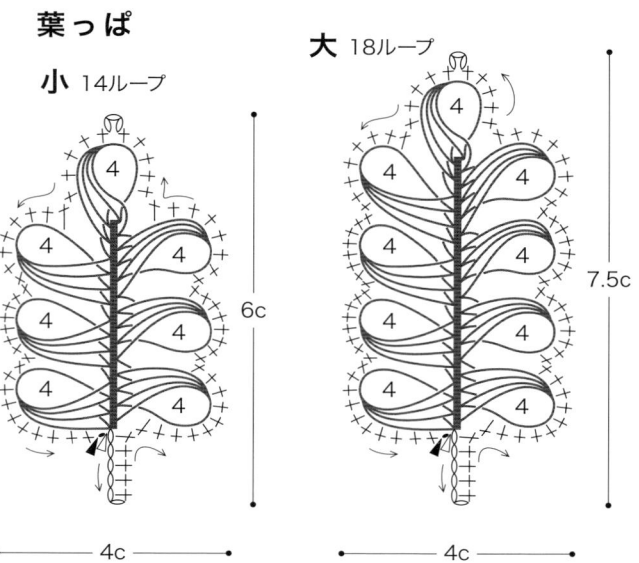

蝶
羽 16ループ×2本

胴体
（鎖22目）

まとめ方
羽の上に胴体を重ねてまつりつける
羽　巻きかがり
まつりつける
7c
8c

▷ = 糸をつける
▶ = 糸を切る

いも虫 16ループ
4c
7c

葉っぱ
小 14ループ
4c
6c

大 18ループ
4c
7.5c

58 My First Hairpin Lace

hair accessory
シュシュ
写真…48ページ

[材料と用具] 糸…オリムパス エミーグランデ〈ビジュー〉 a ブラウンラメ（L744）11 g /b ベージュラメ（L740）12 g
用具…ヘアピン器　a 4cm幅 /b 6cm幅　針…レース針2号
その他…ヘアゴム直径5cm
[でき上がり寸法] a 直径9cm/b 直径11cm

[編み方ポイント] ブレードa/b 各120ループ
テープの中央に市販のヘアゴムを添わせて挟みます。ループの手前側と向こう側、1ループずつ一緒に針を入れて編んでいきます。5ループごとにテープの中央の細編みとヘアゴムをそっくり拾って細編みで編みくるみます。24模様を編んだらテープを輪にし、続けて2段めを編みます。

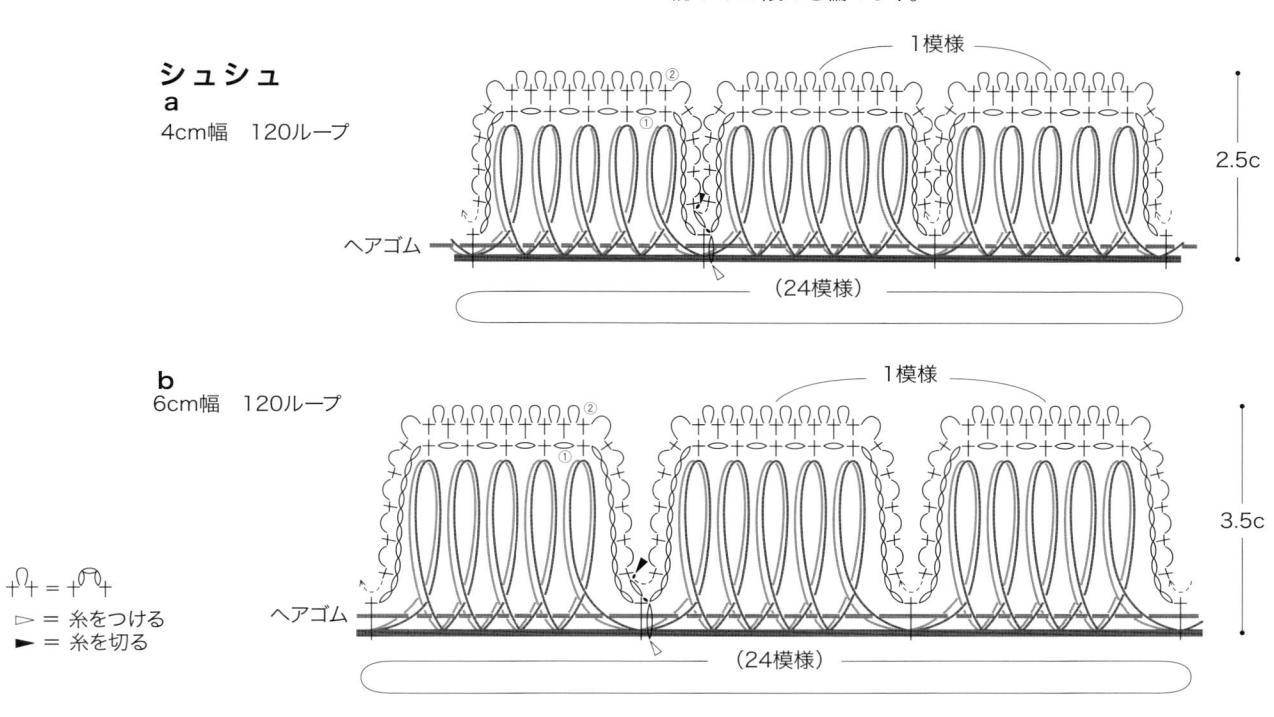

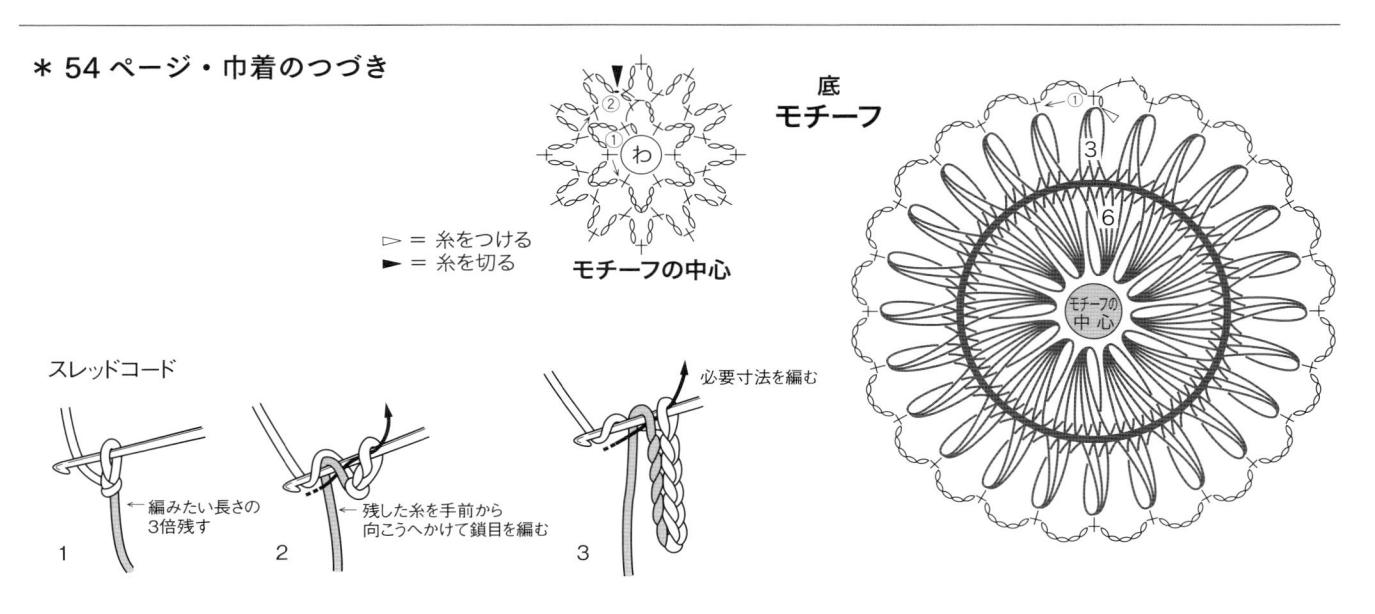

シュシュ
a
4cm幅　120ループ

b
6cm幅　120ループ

▷ = 糸をつける
▶ = 糸を切る

＊ 54ページ・巾着のつづき

モチーフの中心

底
モチーフ

▷ = 糸をつける
▶ = 糸を切る

スレッドコード

baby shoes
ベビーシューズ

生まれたての赤ちゃんに履かせてみたくなる愛らしいベビーシューズ。4cm幅のヘアピン器で編みました。底はクロッシェでしっかりと。見ているだけで、何とも言えないやさしい気持ちになりますね。

編み方…62ページ
使用糸／ディー・エム・シー セベリア10番

2cm 幅のヘアピン器で編んだミニミニサイズ。
ベビーシューズを玄関に飾ると
天使が幸せを運んできてくれるって、本当かな。

61

baby shoes
ベビーシューズ
写真…60ページ

[材料と用具] 糸…ディー・エム・シー セベリア10番
大 ピンク(224) 4g+オフホワイト(3865) 6g / ライトブルー(800) 4g+オフホワイト(3865) 6g / オフホワイト(3865) 10g
小 ピンク(224) 4g+オフホワイト(3865) 4g / ライトブルー(800) 4g+オフホワイト(3865) 4g / オフホワイト(3865) 8g
用具…ヘアピン器 **大** 4cm幅 / **小** 2cm幅　針…レース針2号

[でき上がり寸法] **大** 底 10.5cm / **小** 底 7.5cm
[編み方ポイント] **大** ブレード70ループ×2本 / **小** ブレード45ループ×2本
大・小とも底は細編みで編み、側面は図を参照してブレードを編みまとめて輪にします。側面の外まわりの引き抜き編みで底の最終段とつなぎます。小にはポンポンを2個作り、かかとにとめつけます。

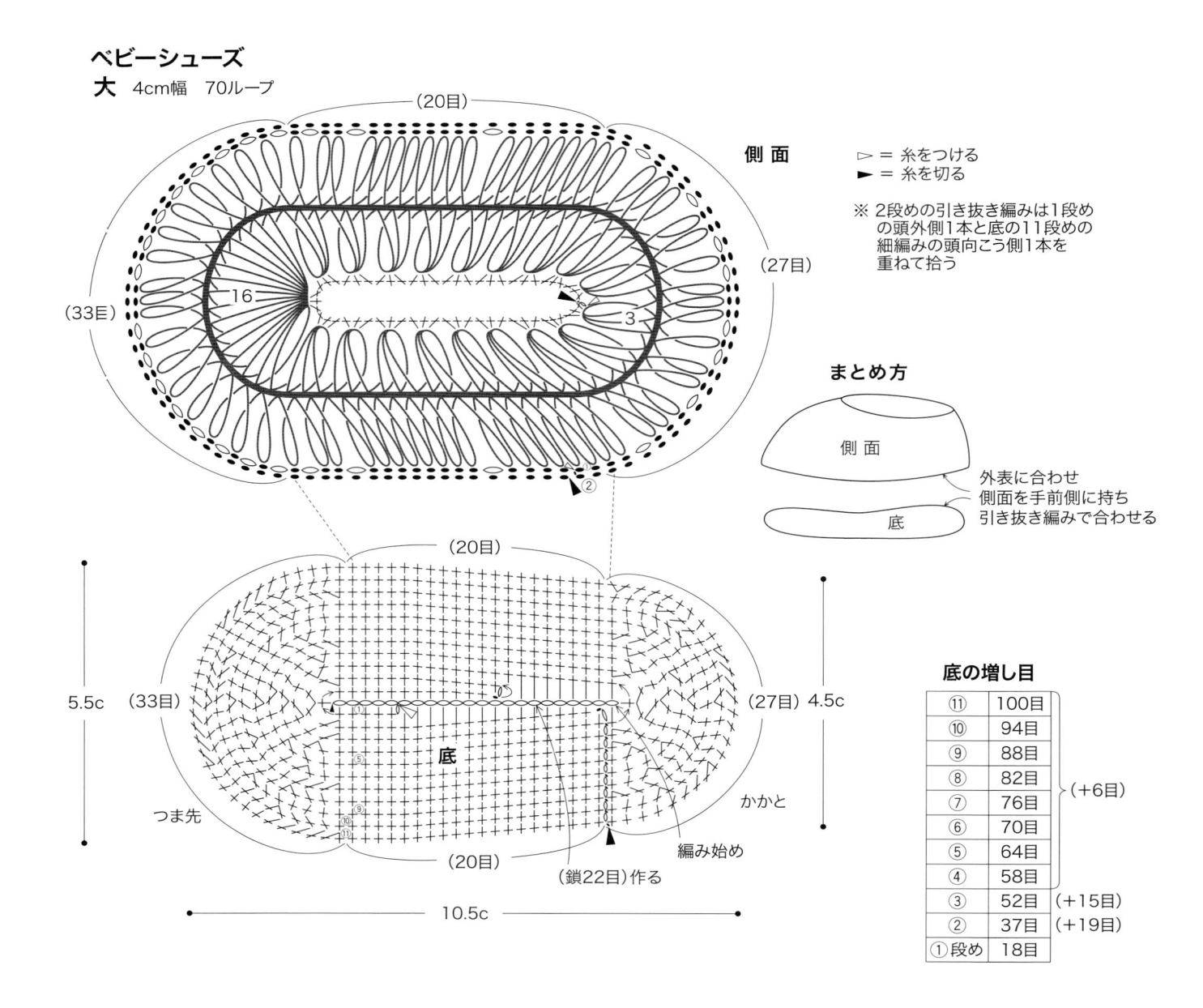

ベビーシューズ
大 4cm幅　70ループ

▷ = 糸をつける
▶ = 糸を切る

※ 2段めの引き抜き編みは1段めの頭外側1本と底の11段めの細編みの頭向こう側1本を重ねて拾う

側面

まとめ方

外表に合わせ
側面を手前側に持ち
引き抜き編みで合わせる

底

つま先　かかと
編み始め
(鎖22目)作る

底の増し目

⑪	100目	
⑩	94目	
⑨	88目	
⑧	82目	(+6目)
⑦	76目	
⑥	70目	
⑤	64目	
④	58目	
③	52目	(+15目)
②	37目	(+19目)
①段め	18目	

My First Hairpin Lace

ベビーシューズ

小 2cm幅
45ループ

側面

※2段めの引き抜き編みは1段めの引き抜き編みの頭外側1本と底の7段めの細編みの頭向こう側1本を重ねて拾う

底

(鎖14目)作る　編み始め

7.5c
4c

ポンポンの作り方

ポンポン(直径約1cm)を2個作る。ヘアピン器に糸を70回巻き、向こう側と手前側をまとめて糸できつくしばり両端を切る。蒸気を当て、糸のよりをもどして丸く切り揃える。

しばる
切る

ヘアピン器
2cm幅

底の増し目

⑦	70目
⑥	64目
⑤	58目
④	52目
③	46目
②	40目
①段め	34目

(+6目)

▷ = 糸をつける
▶ = 糸を切る

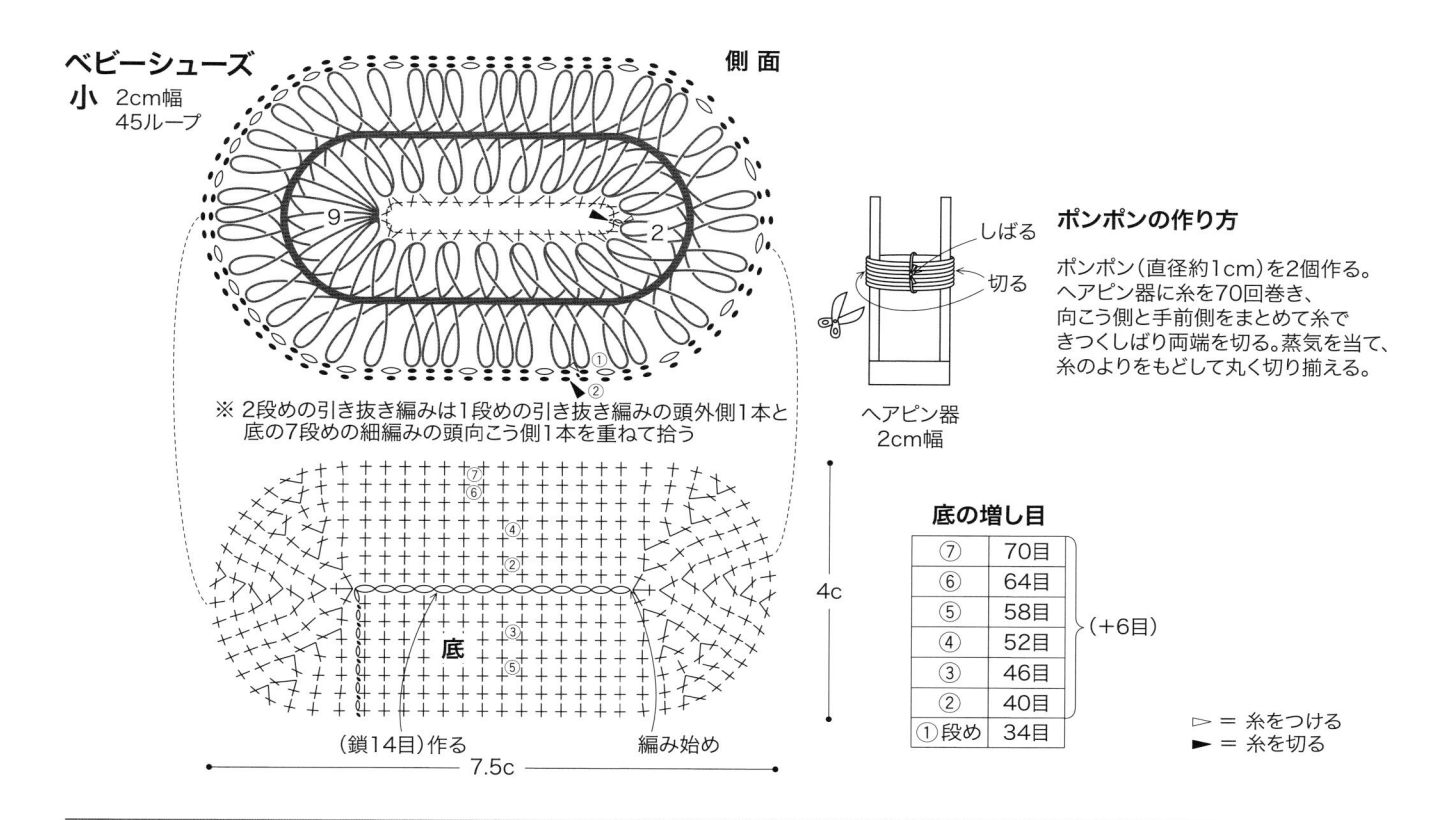

＊65ページ・モチーフのつづき

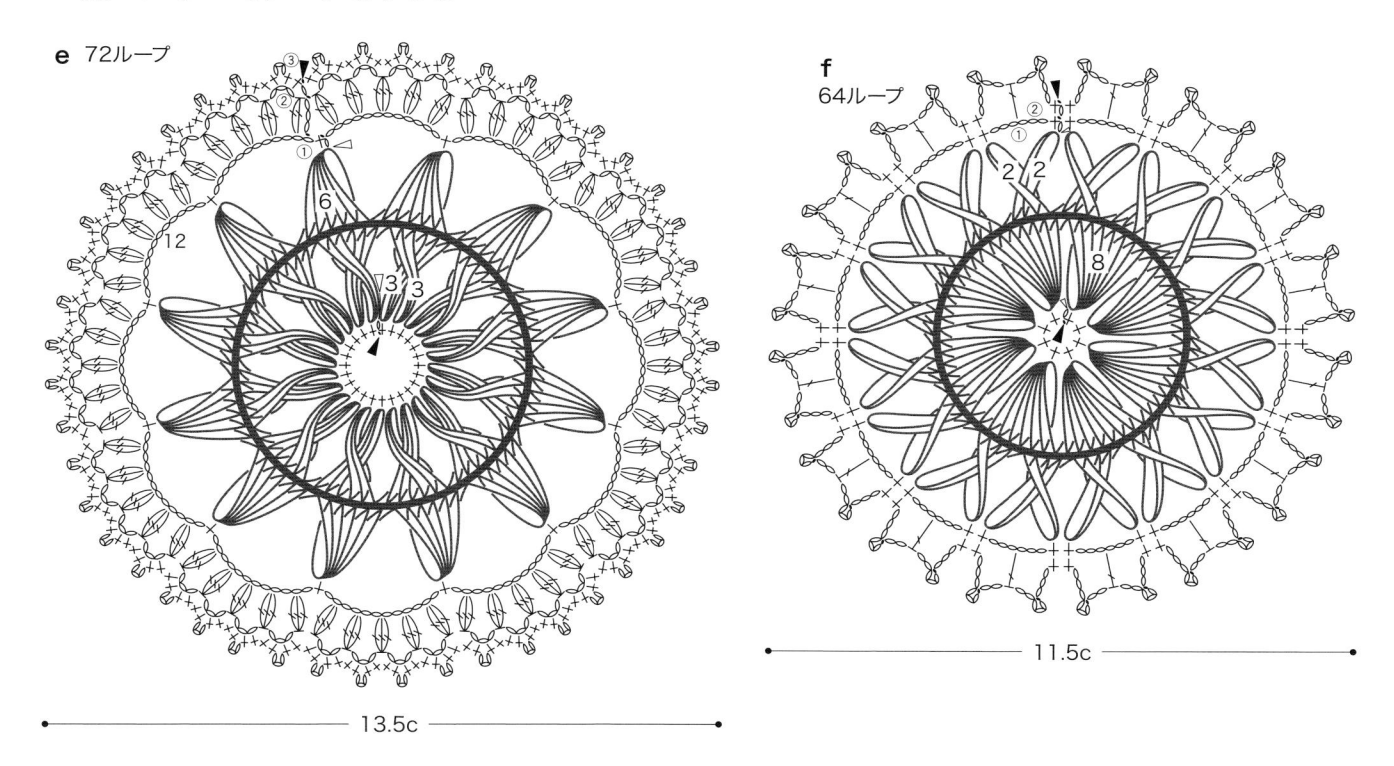

e 72ループ

13.5c

f 64ループ

11.5c

motif
ラウンドモチーフいろいろ

モチーフ1枚でコースターやアップリケ、
少し頑張って編みつないだらドイリーやストールに。
お気に入りのモチーフを見つけてください。

編み方…65ページ
使用糸／ディー・エム・シー バビロ 10番

64 My First Hairpin Lace

motif
ラウンドモチーフいろいろ
写真…64 ページ

[材料と用具] 糸…ディー・エム・シー バビロ 10 番　**a・b・e** パステルブルー（799）/**c・f** レッド（475）/**d** オレンジ段染め（90）各 5 g
用具…ヘアピン器 4cm 幅　針…レース針 2 号
[でき上がり寸法] 図参照

[**編み方ポイント**] モチーフ　**a・c・f** 64 ループ、**b・d** 60 ループ、**e** 72 ループ
b・d・c はモチーフの中心に糸を通してしぼり、a・e・f は細編みで編みまとめます。テープの編み終わりと始めをつないで輪にします。それぞれ図を参照してモチーフの外まわりを編みまとめます。

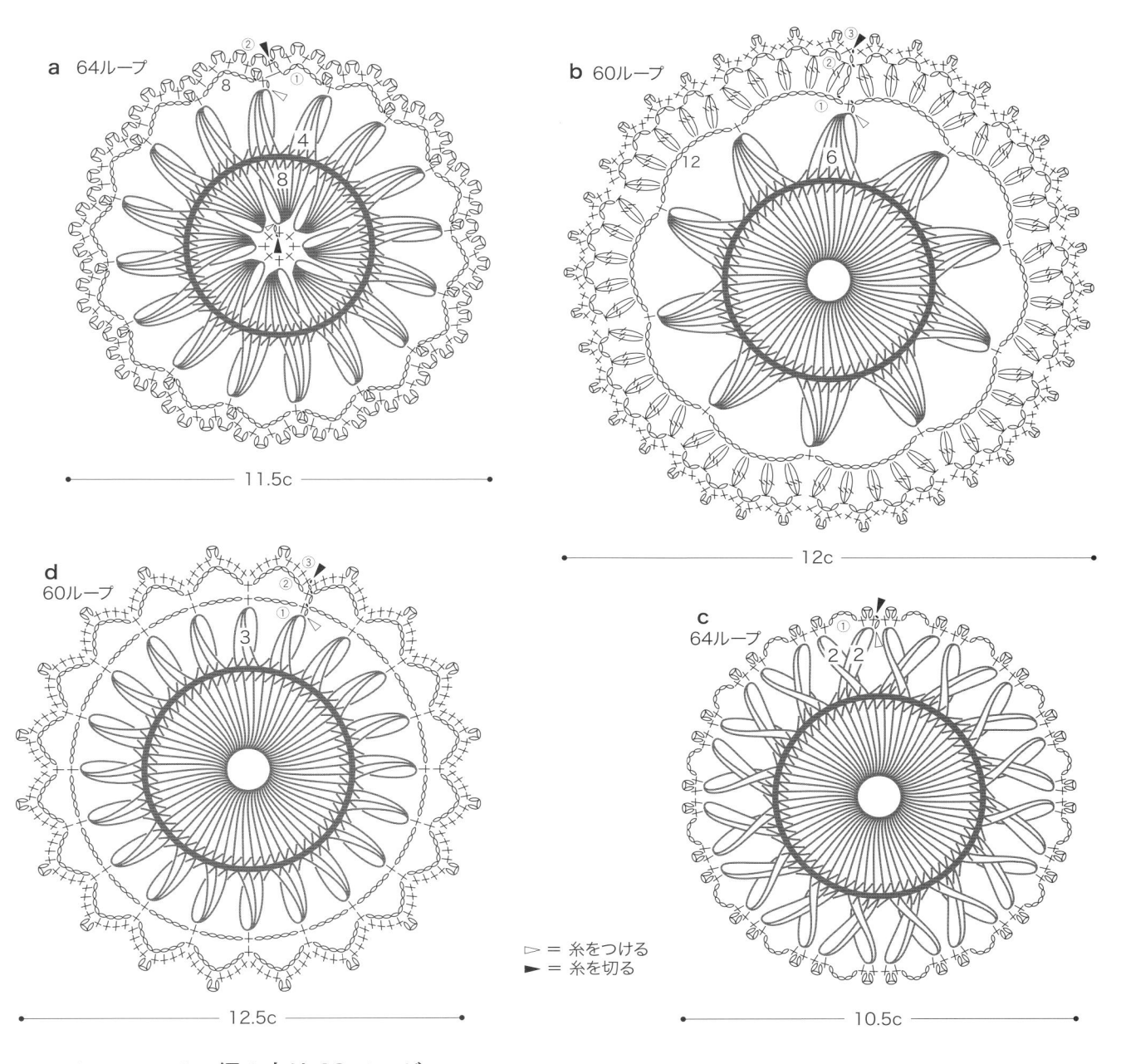

a 64ループ　11.5c

b 60ループ　12c

d 60ループ　12.5c

c 64ループ　10.5c

▷ = 糸をつける
▶ = 糸を切る

＊モチーフ e・f の編み方は 63 ページ

bag
小さなトートバッグ
写真…7ページ

[材料と用具] 糸…オリムパス エミーグランデ〈ハーブス〉 クリームイエロー（721）15ｇ、ライトブラウン（745）30ｇ
用具…ヘアピン器 4cm幅 針…レース針 2号
その他…綿ブロード 42cm×20cm
[でき上がり寸法] 幅18cm、深さ20cm

[編み方ポイント] ブレード 63ループ×4本
14ページを参照してバッグの側面を2枚編みます。側面を外表に合わせ、3辺を巻きかがりでつなぎます。持ち手を2本編み、入れ口の内側にとめつけます。中袋を仕立て、バッグの内側に入れて入れ口にまつりつけます。

側面 2枚
- 持ち手つけ位置
- 3c / 3c
- 2c
- （6段）
- B
- 63ループ×2本
- モチーフ A （ブレードつなぎ）
- B
- 16c
- 2c
- （縁編み）図参照
- 2c — 14c — 2c

※ テープとクロッシェモチーフはクリームイエロー、それ以外はすべてライトブラウンで編む

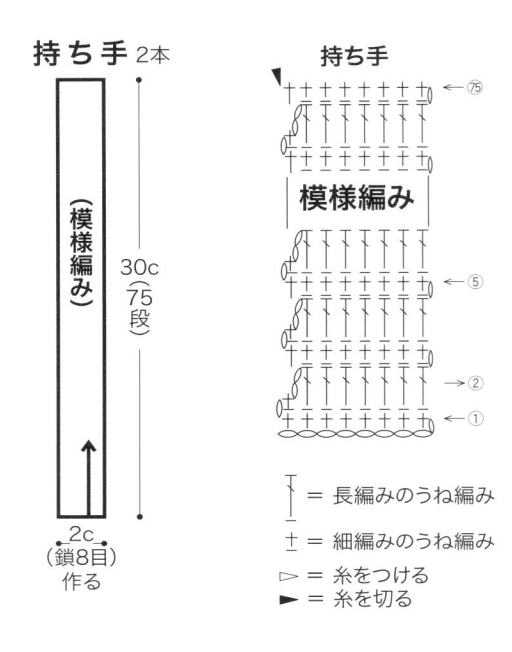

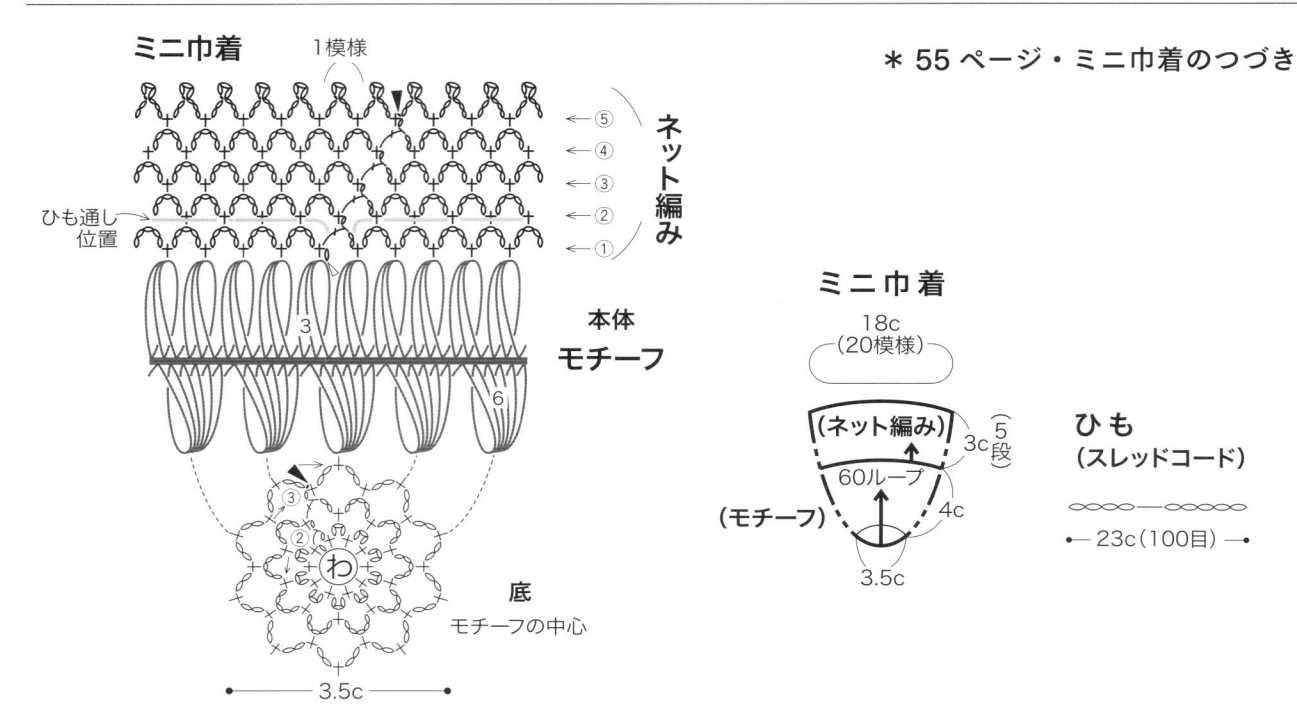

持ち手 2本
（模様編み）
30c（75段）
2c（鎖8目）作る

持ち手
模様編み
←75
←⑤
→②
←①

- ＋ = 長編みのうね編み
- 十 = 細編みのうね編み
- ▷ = 糸をつける
- ▶ = 糸を切る

ミニ巾着
1模様
ネット編み
←⑤ ←④ ←③ ←② ←①
ひも通し位置

本体 モチーフ
6
底 モチーフの中心
3.5c

＊55ページ・ミニ巾着のつづき

ミニ巾着
18c（20模様）
（ネット編み）3c 5段
60ループ
（モチーフ）4c
3.5c

ひも（スレッドコード）
←23c（100目）→

66　My First Hairpin Lace

側面
ブレードつなぎ

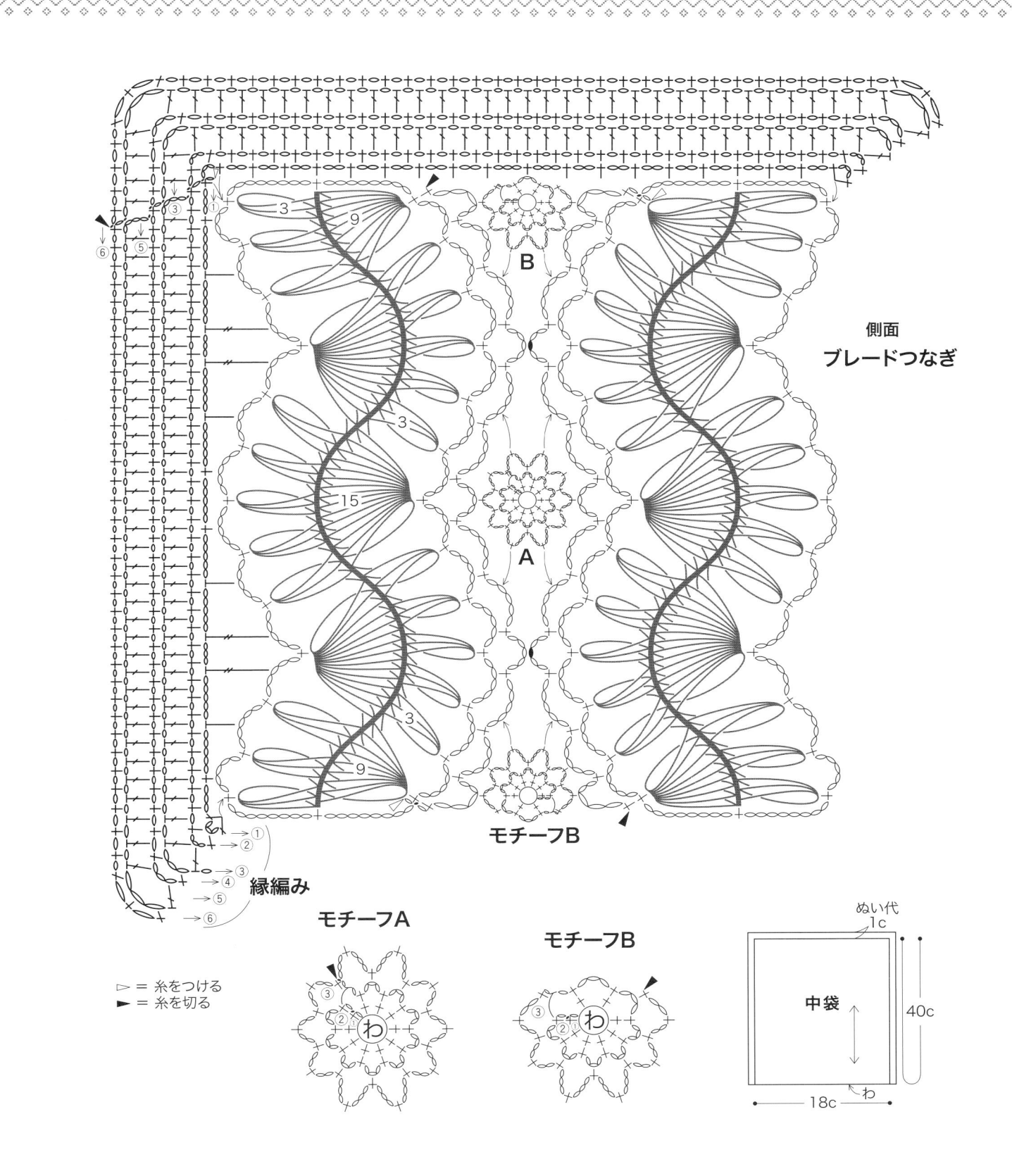

モチーフB

縁編み

モチーフA　　モチーフB

▷ = 糸をつける
▶ = 糸を切る

ぬい代
1c

中袋

40c

18c
わ

ribbon
リボン
写真…18ページ

リボン 360ループ

[材料と用具] 糸…オリムパス エミーグランデ **リボン** クリーム色(808)20g / **蝶リボン** クリーム色(808)、モスグリーン(288)、あずき色(778)、オリムパス エミーグランデ〈カラーズ〉グレイッシュブルー(316) 各5g
用具…ヘアピン器 4cm幅　針…レース針2号
[でき上がり寸法] リボン 5cm×95cm / 蝶リボン 5cm×8cm
[編み方ポイント] ブレード **リボン** 360ループ / **蝶リボン** 72ループ

リボン、蝶リボンとも19ページを参照してブレードを編みます。蝶リボンはリボンどめを編み、図のようにまとめます。

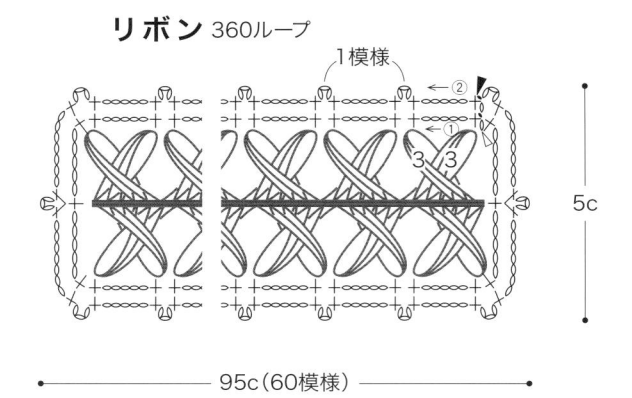

95c(60模様)

▷ = 糸をつける
▶ = 糸を切る

蝶リボン 72ループ　※縁の2段めは中心から対称に編む

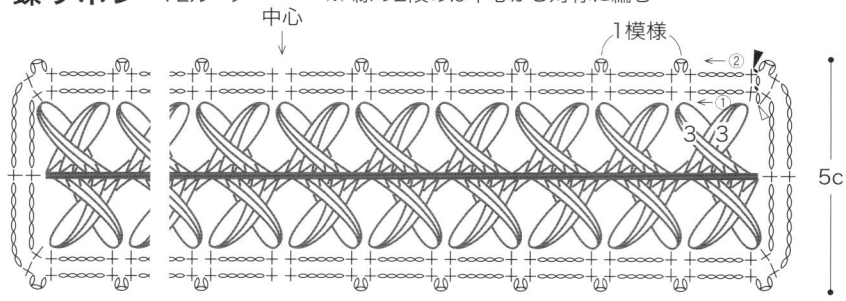

中心　1模様

18c(12模様)

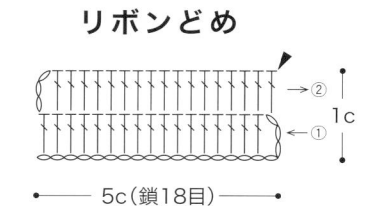

リボンどめ

5c(鎖18目)

まとめ方

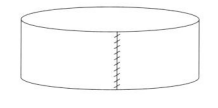

① リボンを後ろ中心で突き合わせにして巻きかがる

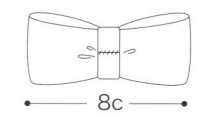

② リボンどめを中央に巻き、後ろ中心で少し重ねて巻きかがる

8c

えびコード

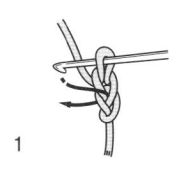

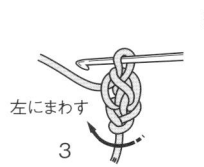

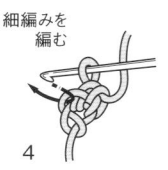

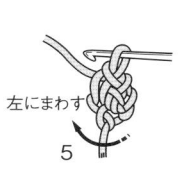

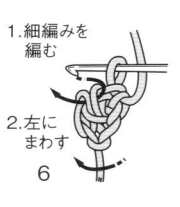

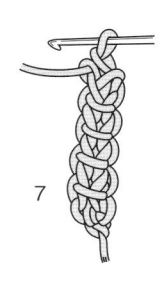

1

2　細編みを編む

3　左にまわす

4　細編みを編む

5　左にまわす

6　1.細編みを編む　2.左にまわす

7

My First Hairpin Lace

katyusha+gom
カチューム
写真…20 ページ

[材料と用具] 糸…オリムパス エミーグランデ
シナモンブラウン（738）15 g
用具…ヘアピン器 4cm 幅　針…レース針 2 号
その他…ヘアゴム
[でき上がり寸法] 図参照
[編み方ポイント] ブレード 144 ループ× 2 本
21 ページを参照して 2 本のテープを組みつなぎ、ブレードを編みます。ブレードの両端に長編みでゴム通しを編み、糸端を約 20cm 残します。図のようにゴム通しにヘアゴムを挟んでゴム通しを編んだ糸端で巻きかがります。

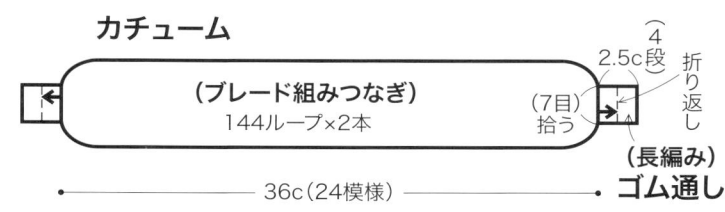

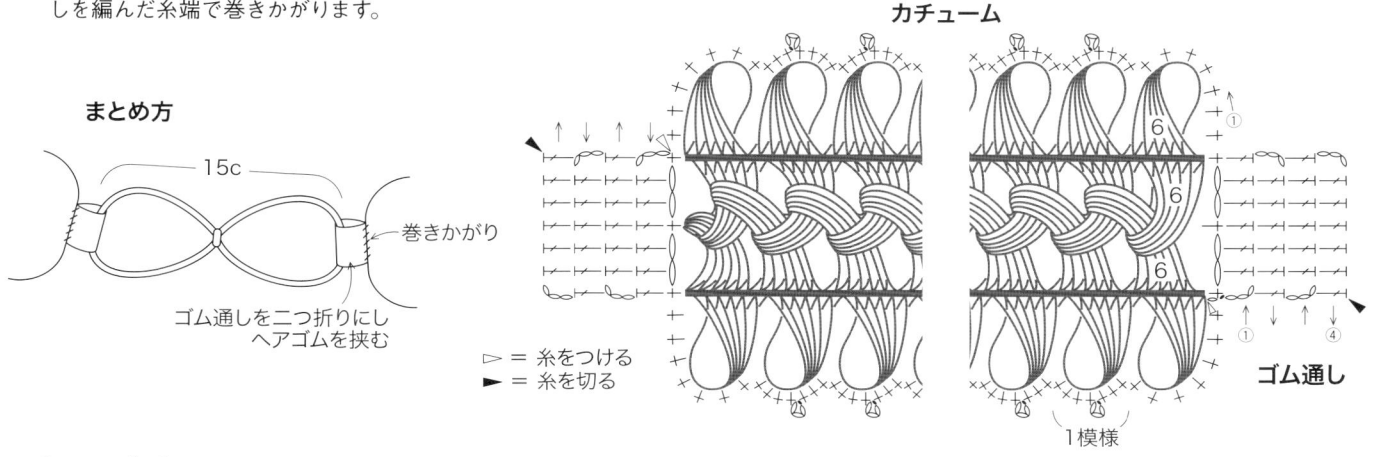

カチューム
（ブレード組みつなぎ）
144ループ×2本
36c（24模様）
(7目)拾う
4
2.5c段
折り返し
（長編み）
ゴム通し

まとめ方
15c
巻きかがり
ゴム通しを二つ折りにし
ヘアゴムを挟む

▷ = 糸をつける
▶ = 糸を切る

カチューム
1模様
ゴム通し

belt
ベルト
写真…22 ページ

[材料と用具] 糸…オリムパス エミーグランデ〈ハーブス〉　ブラウン（777）30 g
用具…ヘアピン器 4cm 幅　針…レース針 2 号
[でき上がり寸法] 幅 6cm ×長さ 63cm

[編み方ポイント] ブレード 288 ループ
23 ページを参照してブレードを編みます。ひもはえびコードを 2 本編み、図のひも通し位置に通します。

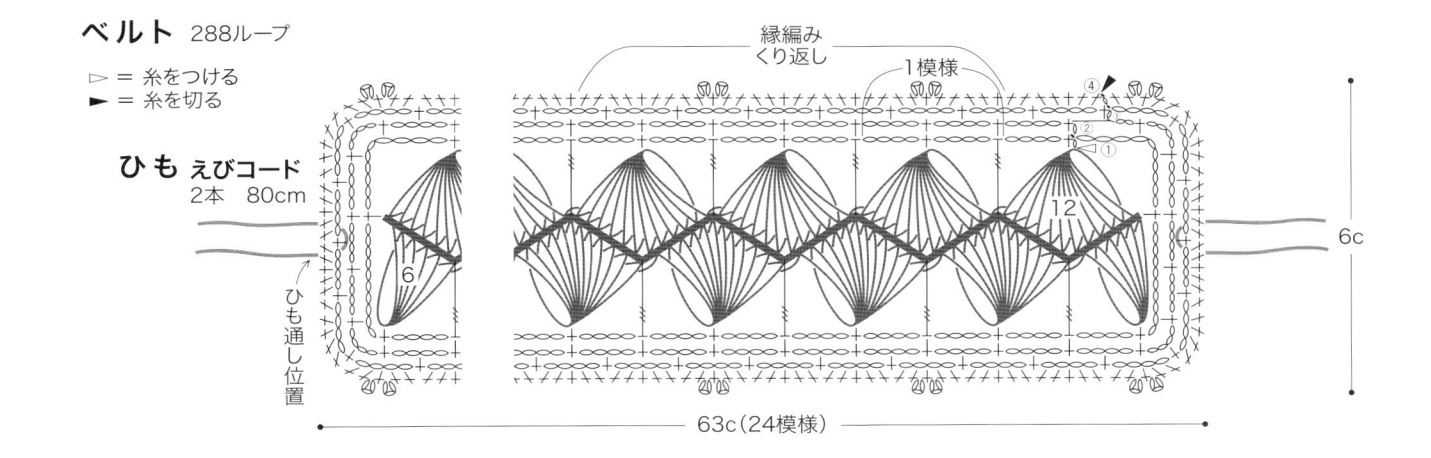

ベルト　288ループ
▷ = 糸をつける
▶ = 糸を切る

ひも えびコード
2本　80cm
ひも通し位置

縁編みくり返し
1模様
63c（24模様）
6c

accessory
ラリエットとピアス
写真…24 ページ

[材料と用具] 糸…オリムパス エミーグランデ ダークブラウン (739)、キャメル (736) 各 10 g
用具…ヘアピン器 4cm 幅　針…レース針 2 号
その他…ツリガネ型ピアス用ピン 1 組、C カン 2 個
[でき上がり寸法] 図参照
[編み方ポイント] ブレード　ラリエット 8 ループ× 30 本、ピアス 8 ループ× 2 本、
ラリエット、ピアスとも 25 ページを参照してブレードのモチーフを必要枚数編みますが、ラリエットはモチーフの 2 枚めから 1 枚めのモチーフにつなぎながら編みます。ピアスは図のように金具をつけてまとめます。

ラリエット
8ループ×30本

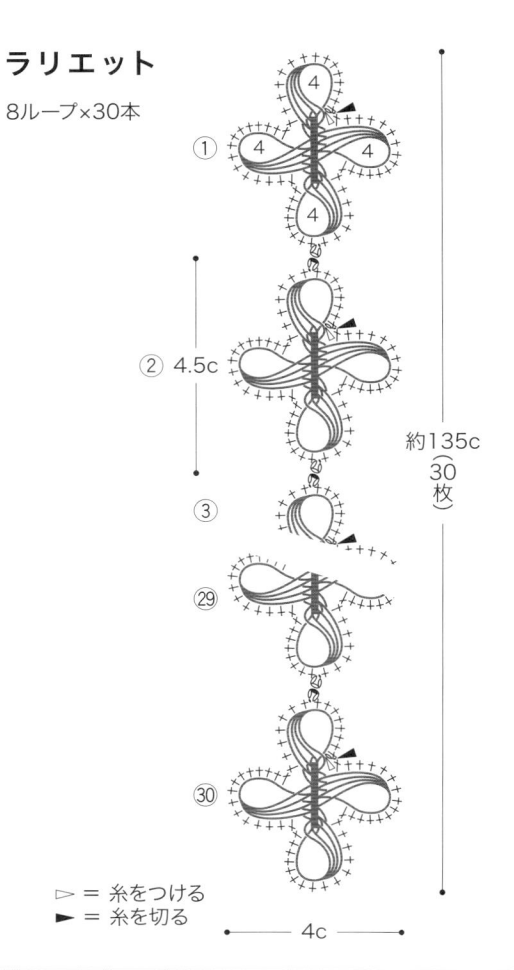

約135c (30枚)

ピアス 8ループ×2本

金具つけ位置

4.3c

4c

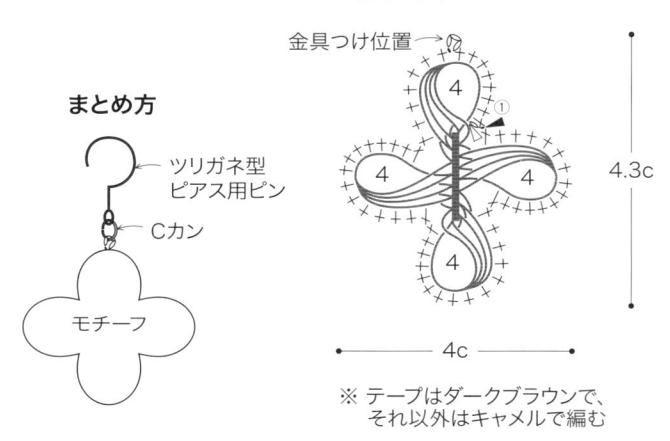

※ テープはダークブラウンで、それ以外はキャメルで編む

まとめ方

- ツリガネ型ピアス用ピン
- Cカン
- モチーフ

▷ = 糸をつける
▶ = 糸を切る

---

* 71 ページ・ブレードのつけ衿

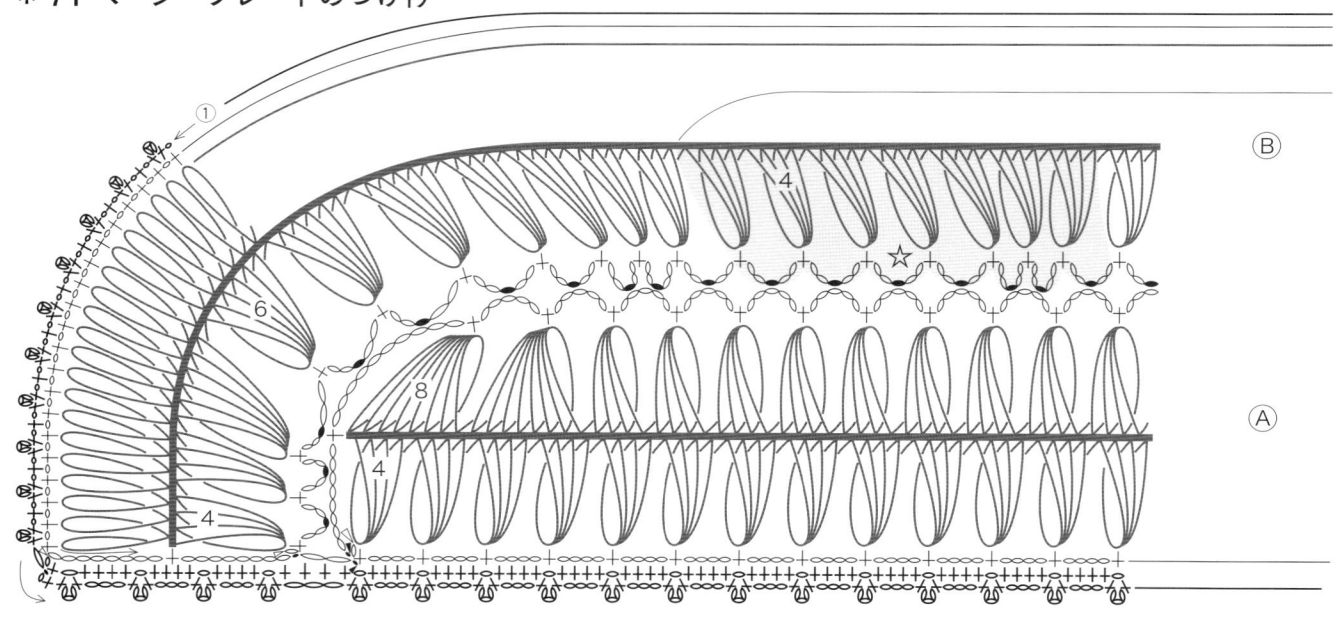

70　My First Hairpin Lace

tippet
ブレードのつけ衿
写真…46ページ

[材料と用具] 糸…オリムパス エミーグランデ〈ハーブス〉 ペールベージュ（732）30 g
用具…ヘアピン器4cm幅 針…レース針2号
[でき上がり寸法] 図参照
[編み方ポイント] ブレードA 232ループ、B 308ループ
ブレードAはブレードBとつなぐ側の両端のみ8ループを2回ずつ編みまとめますが、それ以外はすべて4ループずつを編みまとめます。ブレードBはブレードAとつなぎながら編みまとめ、続けて衿の外まわりを1ループずつ編みまとめていきます。図を参照して衿のまわりに縁編みAとBを続けて編みつけます。

縁編みA

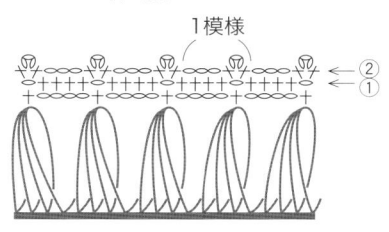

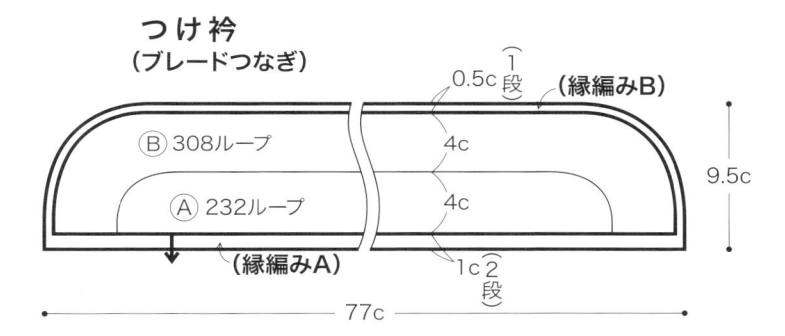

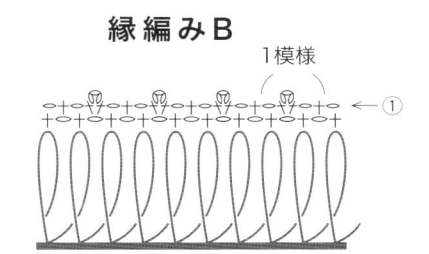

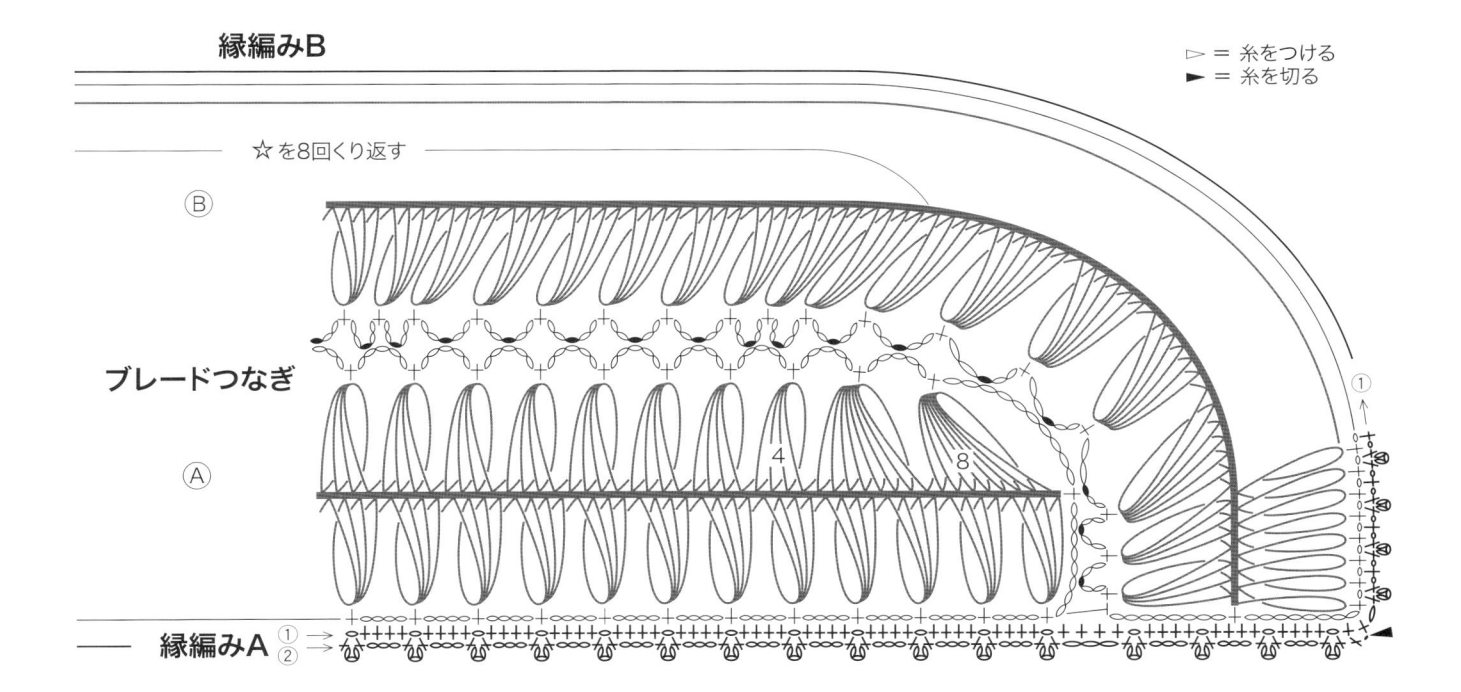

1模様

縁編みB

1模様

つけ衿（ブレードつなぎ）

Ⓑ 308ループ
Ⓐ 232ループ
（縁編みA）
0.5c（1段）
（縁編みB）
4c
4c
1c（2段）
9.5c
77c

縁編みB

☆を8回くり返す

ブレードつなぎ

Ⓐ Ⓑ

縁編みA ①②

▷ = 糸をつける
▶ = 糸を切る

edging
エジング〈ストレート〉
写真…26 ページ

[材料と用具] 糸…オリムパス エミーグランデ ライトベージュ（810）
用具…ヘアピン器 4cm 幅　針…レース針 2 号
[でき上がり寸法] 10cm で **a・b** 6 模様、**c** 5 模様
[編み方ポイント] ブレード **a・b・c** 6 ループの倍数

a 3 ループずつを交差させて編みまとめます。
b 上側は 2 ループずつを引き抜いてとめます。下側は 6 ループずつをまとめ、まとめたループの間の細編みはテープの中央の細編みを割って編みます。
c 下側は 1 ループずつを引き抜き編みでまとめ、上側は 3 ループをずつを交差させて 1 ループずつを細編みでまとめていきます。

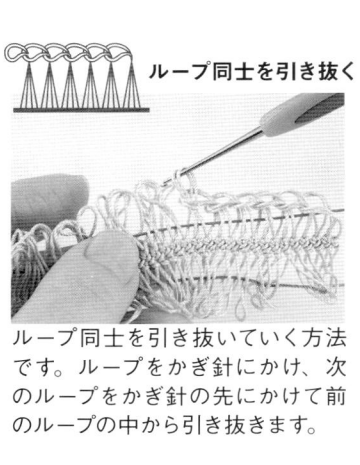

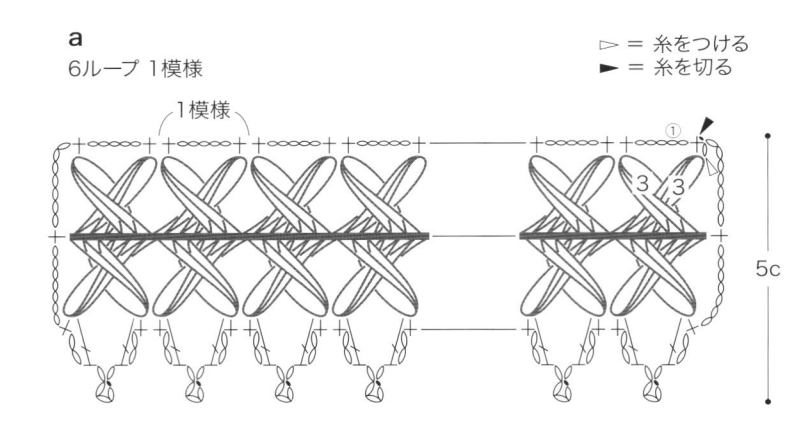

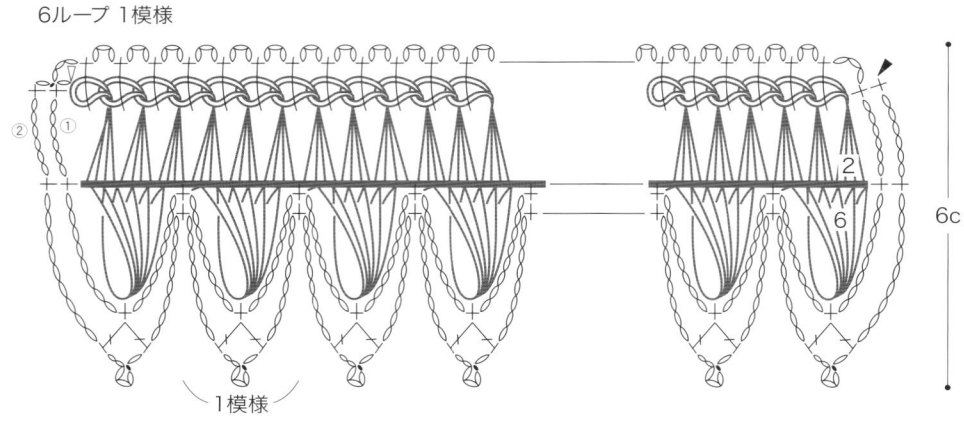

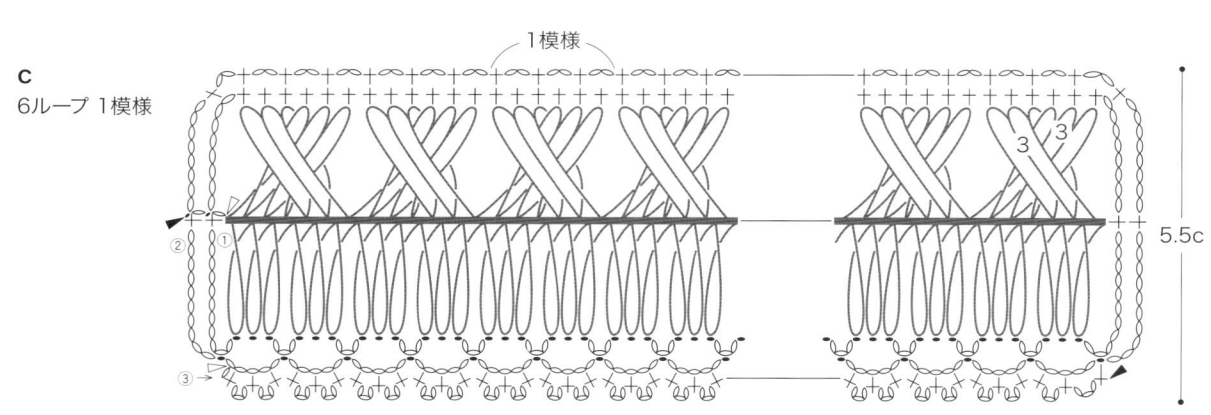

ループ同士を引き抜く

ループ同士を引き抜いていく方法です。ループをかぎ針にかけ、次のループをかぎ針の先にかけて前のループの中から引き抜きます。

▷ ＝ 糸をつける
▶ ＝ 糸を切る

a 6ループ 1模様

b 6ループ 1模様

c 6ループ 1模様

72 My First Hairpin Lace

braid
ブレード〈波形〉
写真…28ページ

[材料と用具] 糸…オリムパス エミーグランデ ベージュ（731）
用具…ヘアピン器 4cm 幅　針…レース針 2 号
[でき上がり寸法] 10cm で a 1 模様、b 4 模様、c 2 模様
[編み方ポイント] ブレード a 48 ループの倍数＋24 ループ、b 10 ループの倍数、c 20 ループ＋12 ループ

a 8 ループ×3 回、3 ループ×8 回を交互に編みまとめます。
b 10 ループずつをまとめ、まとめたループの間の細編みはテープの中央の細編みを割って編みます。
c 10 ループと、2 ループ×5 回を交互に編みまとめます。図は両端が真っすぐになるように合わせています。

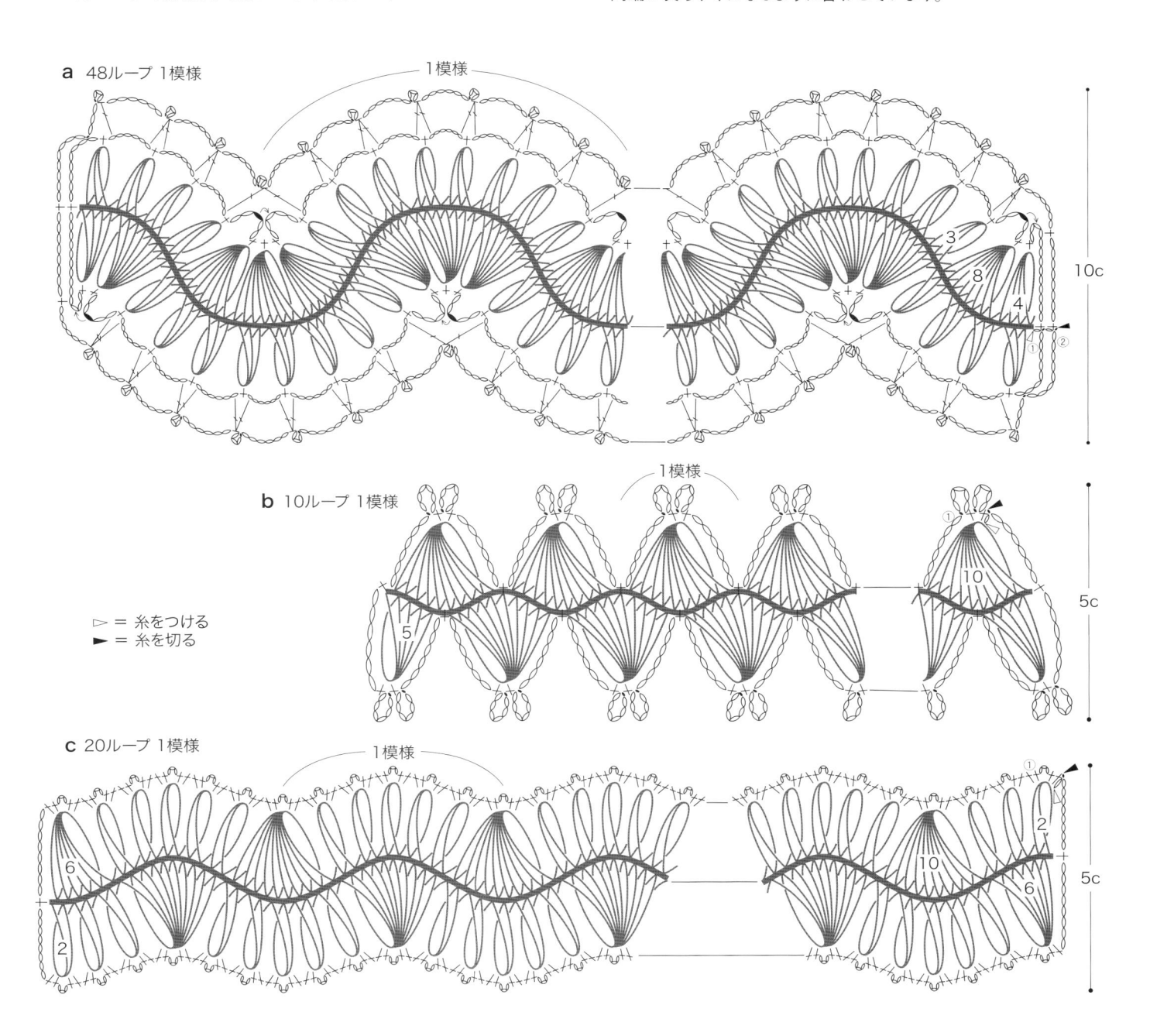

a 48ループ 1模様

b 10ループ 1模様

▷ ＝ 糸をつける
▶ ＝ 糸を切る

c 20ループ 1模様

doily
モチーフつなぎのドイリー
写真…31ページ

[材料と用具] 糸…ディー・エム・シー バビロ10番　ディープグリーン（890）10g、コバルトブルー（482）5g
用具…ヘアピン器4cm幅　針…レース針2号
[でき上がり寸法] 29cm×22cm
[編み方ポイント] モチーフ60ループ×4枚
32ページを参照し、ディープグリーンでテープを編み、コバルトブルーで編みまとめます。モチーフの2枚めからは先に編んだモチーフにつないでいきます。モチーフは4枚をつなぎ、縁編みを3段編みます。

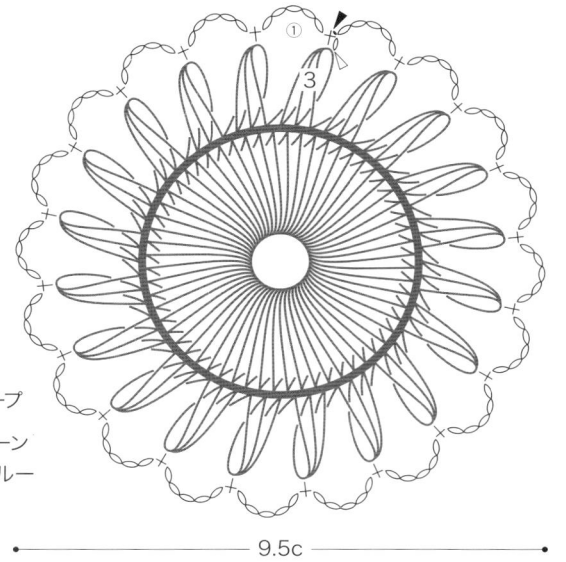

モチーフ 60ループ
テープ　ディープグリーン
外まわり　コバルトブルー

9.5c

ドイリー
モチーフつなぎ
4枚

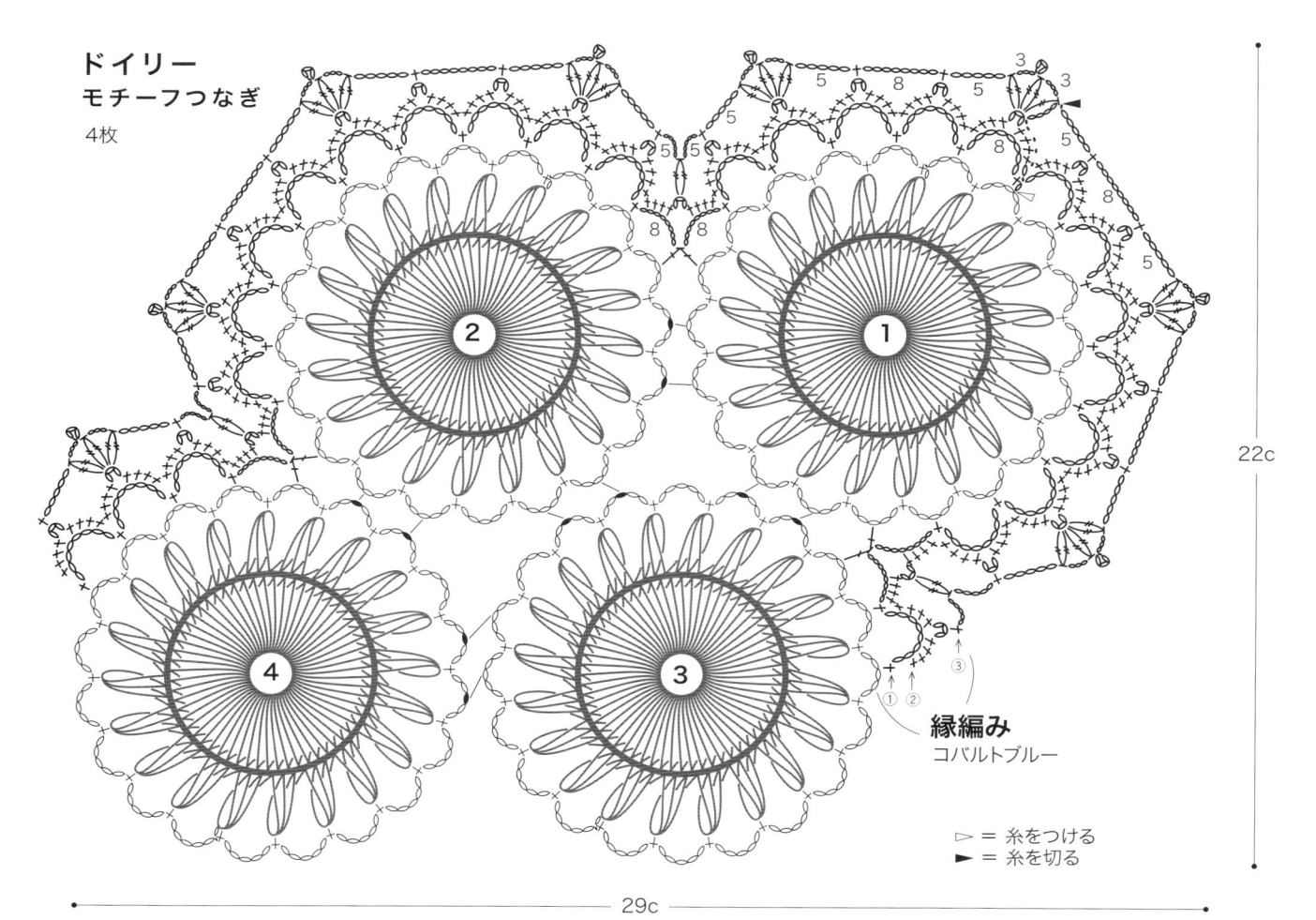

29c

22c

縁編み
コバルトブルー

▷ = 糸をつける
▶ = 糸を切る

mat
マルチマット
写真…36ページ

[**材料と用具**] 糸…ディー・エム・シー セベリア 10番 ブルー（799）20g
用具…ヘアピン器 4cm幅　針…レース針2号
[**でき上がり寸法**] 直径33cm
[**編み方ポイント**] モチーフ 72ループ×7枚
37ページを参照してモチーフを編みます。モチーフの2枚めからは先に編んだモチーフにつないでいきます。

モチーフ
72ループ

11c

マット
モチーフつなぎ
7枚

33c

▷ = 糸をつける
▶ = 糸を切る

coaster
コースター
写真…38 ページ

[材料と用具] 糸…ディー・エム・シー バビロ 10 番　オレンジ (741) / グリーン段染め (114) 各 5 g
用具…ヘアピン器 4cm 幅　針…レース針 2 号
[でき上がり寸法] 図参照
[編み方ポイント] モチーフ　オレンジ 64 ループ、グリーン段染め 60 ループ
オレンジ　39 ページを参照して編みます。
グリーン段染め　モチーフの中心は糸を通してしぼり、輪につなぎます。外まわりは 1 ループずつ編みまとめます。

モチーフ 64ループ
オレンジ

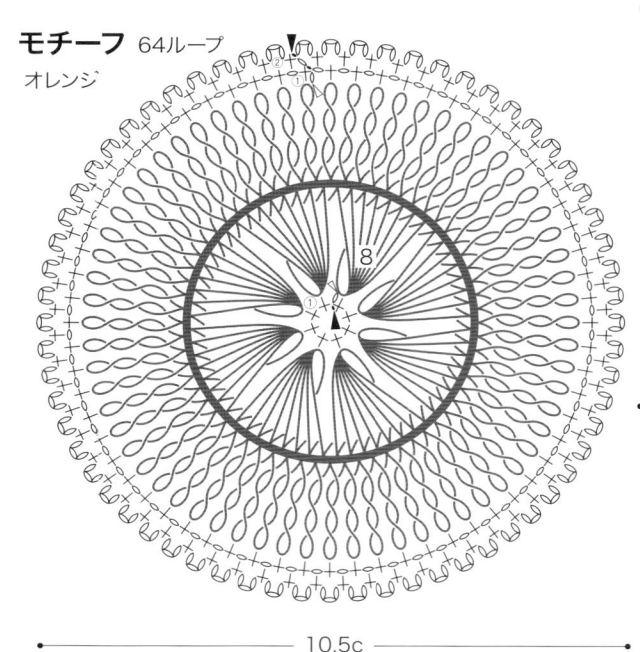

── 10.5c ──

▷ = 糸をつける
▶ = 糸を切る

モチーフ 60ループ
グリーン段染め

── 12.5c ──

* 77 ページ・四角

四角 60ループ

── 11c ──

76　My First Hairpin Lace

doily
四角・六角形・ハート・だ円のドイリー
写真…44 ページ

六角形
72ループ

[材料と用具] 糸…ディー・エム・シー セベリア 10 番　四角/六角形 イエロー(743) 各5g　ハート エメラルドグリーン(959) 5g / だ円 グラスグリーン (989) 5g
用具…ヘアピン器 4cm 幅　針…レース針 2 号
[でき上がり寸法] 図参照
[編み方ポイント] モチーフ　四角 60 ループ/六角形 72 ループ/ハート 114 ループ/だ円 96 ループ
各モチーフとも図を参照してモチーフの中心のループを編みまとめ、テープの編み終わりと始めをつないで輪にします。外まわりのループを編みまとめ、それぞれ形を整えます。だ円のモチーフは 45 ページを参照して編みます。

＊四角の編み方は 76 ページ
　だ円の編み方は 78 ページ

▷ = 糸をつける
▶ = 糸を切る

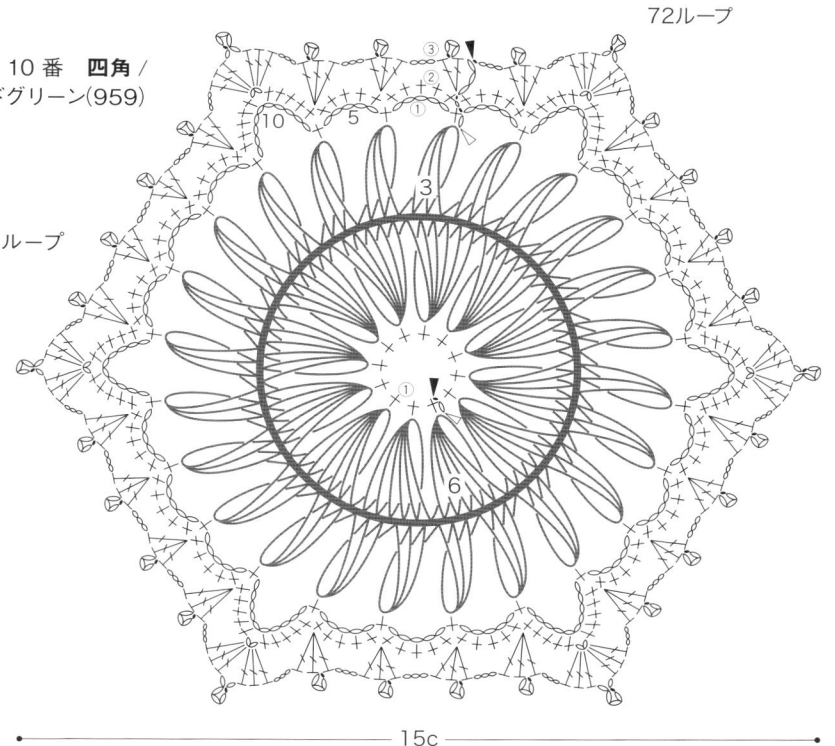

15c

ハート
114ループ

18c

15c

77

tippet
モチーフつなぎのつけ衿
写真…42 ページ

[**材料と用具**] 糸…ディー・エム・シー バビロ 10 番 生成り (ECRU) 25 g
用具…ヘアピン器 4cm 幅　針…レース針 2 号
[**でき上がり寸法**] 図参照
[**編み方ポイント**] モチーフ 64 ループ×7 枚
43 ページを参照してモチーフを編みますが、モチーフの 2 枚めからは先に編んだモチーフにつなぎながら編みます。7 枚のモチーフをつなぎ、縁編みを 2 段編みます。ひもはスレッドコード（59 ページ参照）を 2 本編み、指定の位置にとめつけます。

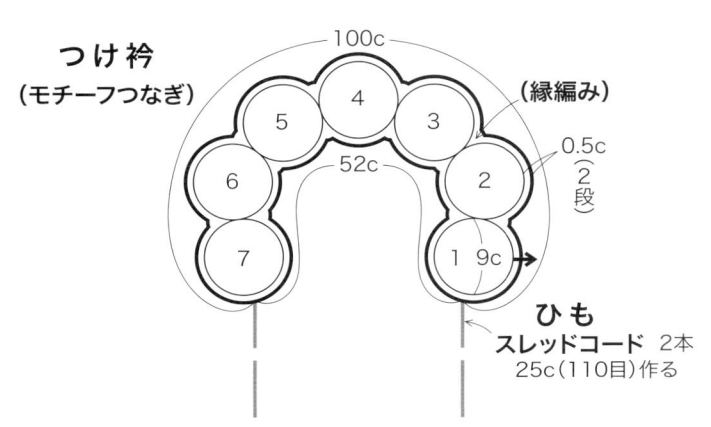

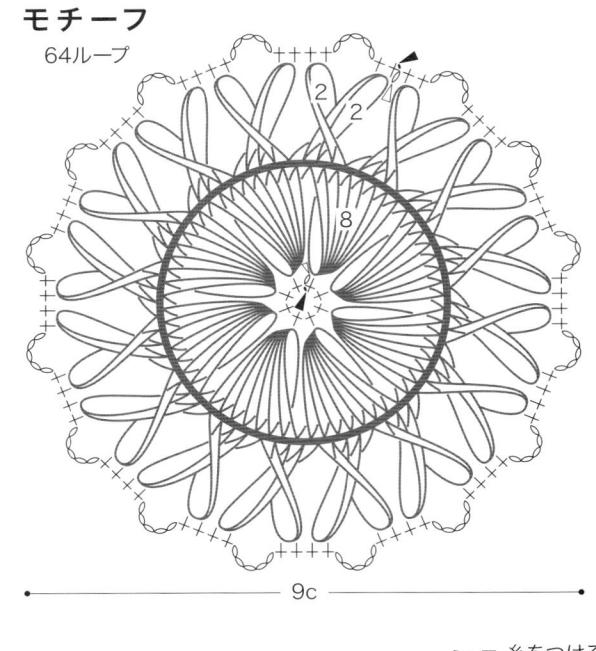

つけ衿
（モチーフつなぎ）
（縁編み）
100c
52c
0.5c（2 段）
9c

ひも
スレッドコード 2 本
25c（110 目）作る

モチーフ
64 ループ
9c

▷ = 糸をつける
▶ = 糸を切る

＊ 77 ページ・だ円

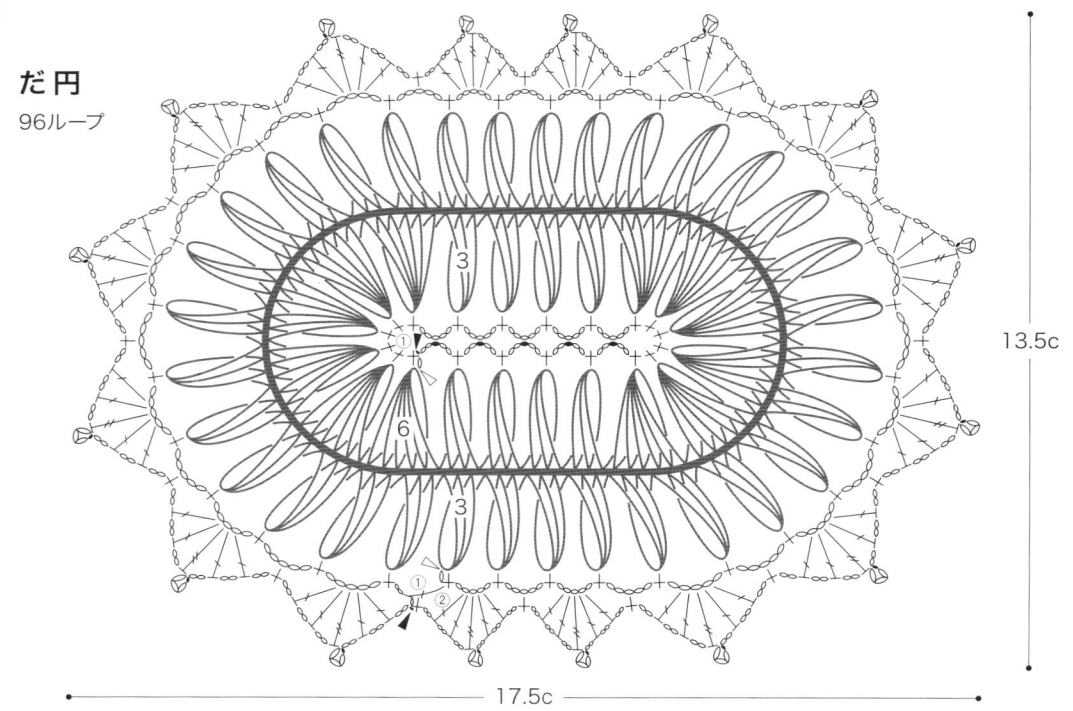

だ円
96 ループ
17.5c
13.5c

78　My First Hairpin Lace

縁編み
② ①
ひも

▷ = 糸をつける
▶ = 糸を切る

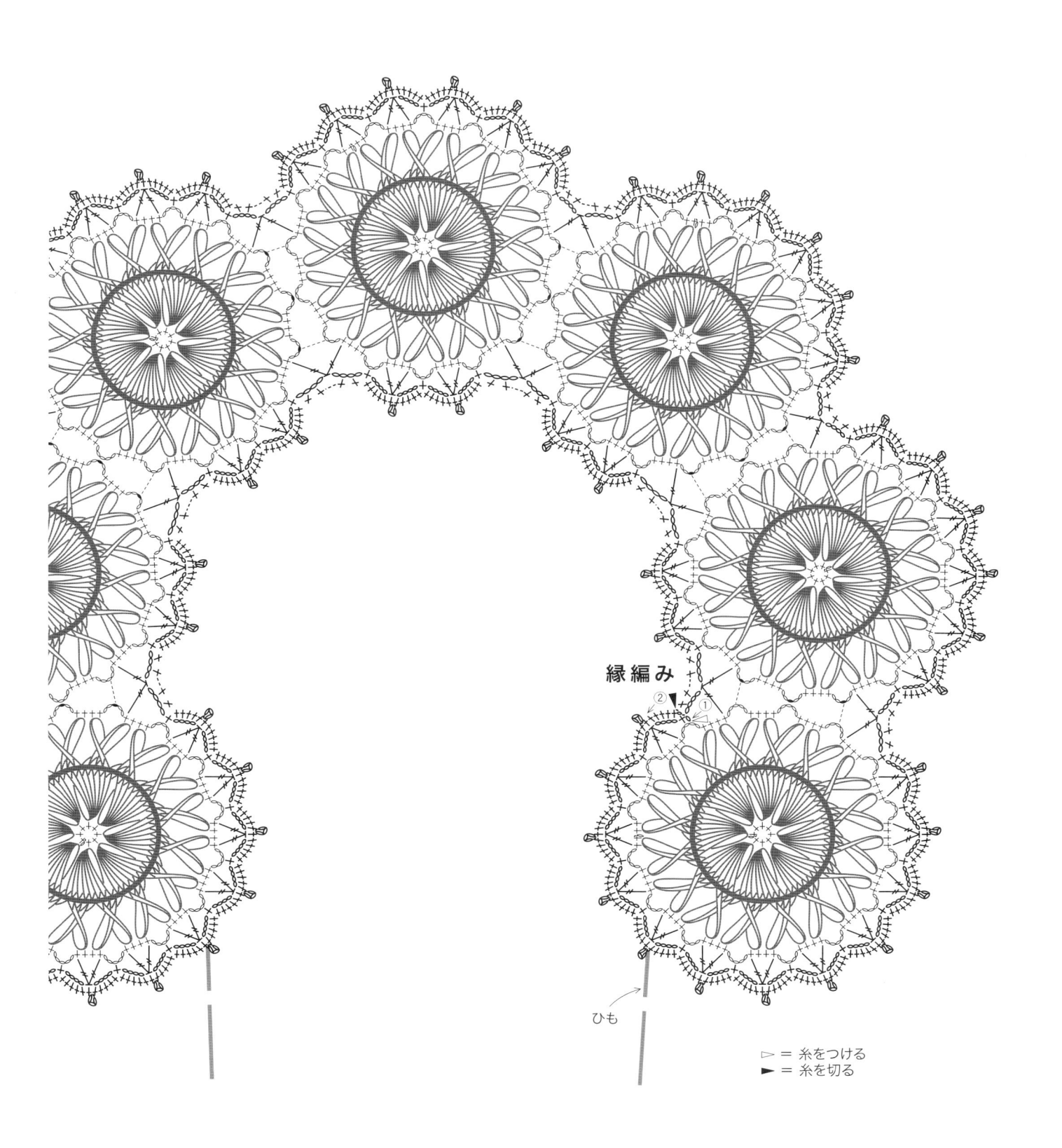

79

jugcover
ジャグカバー
写真…40ページ

[材料と用具] 糸…ディー・エム・シー バビロ10番 **a** ベージュグレー（822）15 g／**b** イエロー（743）10 g、オレンジ（741）1 g
用具…ヘアピン器4cm幅　針…レース針2号
その他…**a** 丸大ビーズ（黄）345粒／**b** 勾玉ビーズ4mm（白）24粒、丸大ビーズ（オレンジ）144粒
[でき上がり寸法] 直径 **a** 25cm／**b** 20cm
[編み方ポイント] モチーフ **a** A60ループ、B240ループ／**b** 120ループ

a モチーフの中心（A）は糸を通してしぼり、輪につなぎます。Aの外まわりは2ループずつをまとめながら2段編みます。3段めはBを手前に持ちかえて4ループずつを編みまとめながらAとつなぎます。Bを輪にし、外まわりを編みます。ビーズを入れた糸をつけ、1段めは表を見ながら、2段めは裏を見ながら指定の位置にビーズを入れて編みます。
b モチーフの中心は41ページを参照し、2ループずつを編みまとめながらクロッシェモチーフとつなぎます。テープを輪につなぎ、モチーフの外まわりは1ループずつを編みまとめ、4段編んで糸を切ります。最終段はビーズを入れた糸をつけ、図のように編みます。

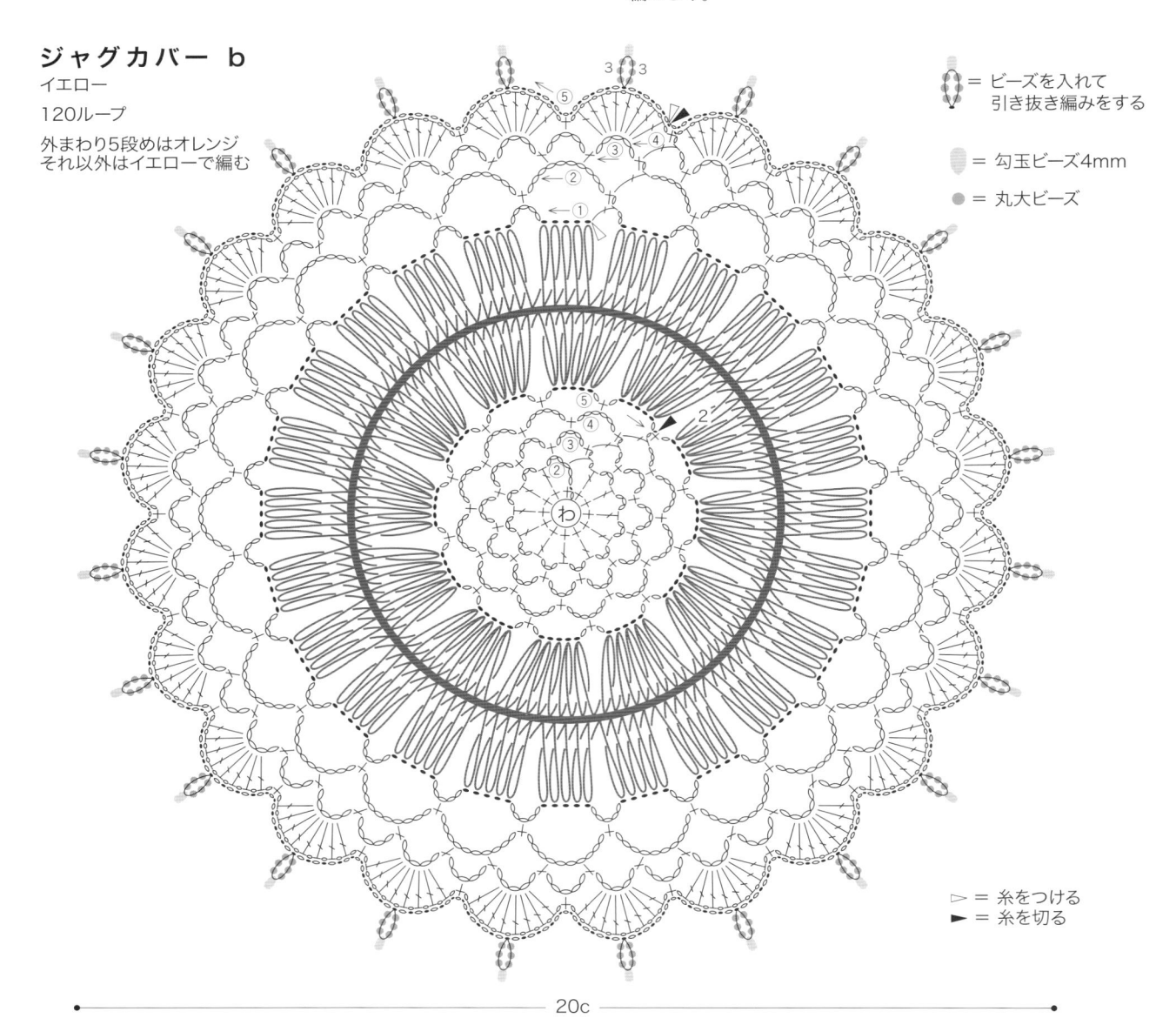

ジャグカバー b
イエロー
120ループ
外まわり5段めはオレンジ
それ以外はイエローで編む

⬭ = ビーズを入れて引き抜き編みをする
⬭ = 勾玉ビーズ4mm
● = 丸大ビーズ
▷ = 糸をつける
▶ = 糸を切る

20c

80　My First Hairpin Lace

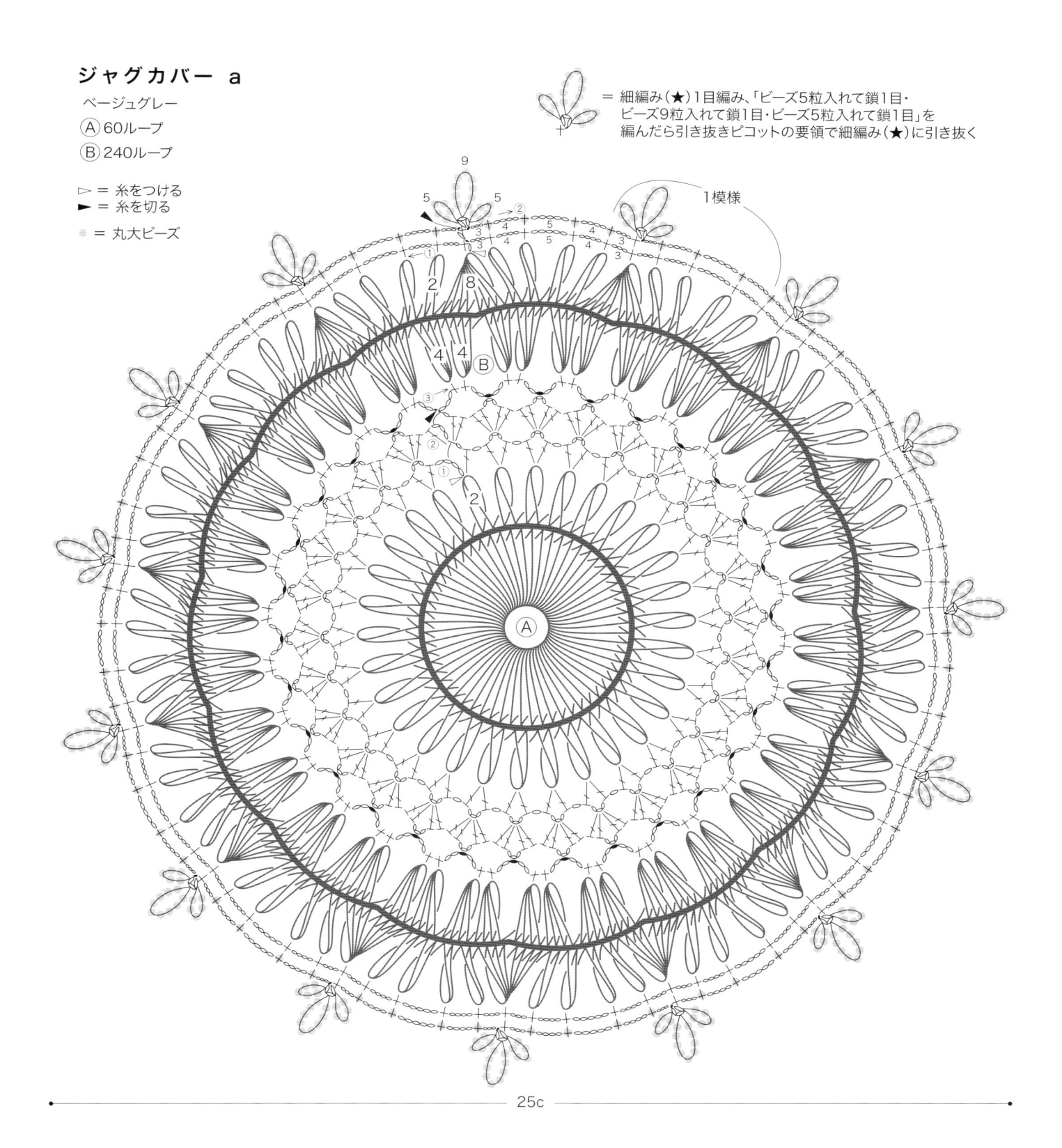

ジャグカバー a

ベージュグレー

- Ⓐ 60ループ
- Ⓑ 240ループ

▷ = 糸をつける
▶ = 糸を切る
・ = 丸大ビーズ

= 細編み(★)1目編み、「ビーズ5粒入れて鎖1目・ビーズ9粒入れて鎖1目・ビーズ5粒入れて鎖1目」を編んだら引き抜きピコットの要領で細編み(★)に引き抜く

1模様

25c

bag
小さなバッグ
写真…47 ページ

[材料と用具] 糸…ディー・エム・シー バビロ 10 番　ベージュ (842) **大** 15 g / **小** 5 g、オレンジ段染め (90) **大** 10 g / **小** 5 g
用具…ヘアピン器 4cm 幅　針…レース針 2 号
その他…綿ブロード **大** 23cm × 32cm / **小** 13cm × 24cm
[でき上がり寸法] **大** 幅 21cm、深さ 14cm / **小** 幅 11cm、深さ 10cm
[編み方ポイント] ブレード **大** A 54 ループ × 2 本、B 120 ループ × 2 本 / **小** 54 ループ × 2 本

大　バッグの側面はブレードつなぎです。ベージュで 2 枚編みます。ブレード A を U 字型に編みまとめます。図を参照してブレード B を A につなぎながら編みまとめ、まわりに縁編みを 2 段編みます。縁編みの 3 段めは側面を外表に合わせ、脇と底は 2 枚を一緒に編み、続けて入れ口を 1 周編みます。持ち手を 2 本編み、バッグの入れ口にとめつけます。中袋を仕立て、本体の入れ口にまつりつけます。

小　側面は大のブレード A までと同じです。図を参照して編みます。

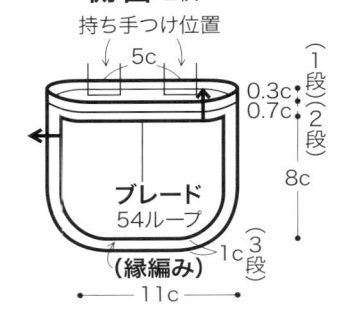

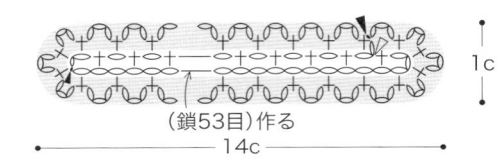

バッグ 小
側面 2枚
持ち手つけ位置
5c
0.3c (1段)
0.7c (2段)
ブレード
54ループ
8c
(縁編み) 1c (3段)
11c

持ち手 2本
1c
(鎖53目)作る
14c

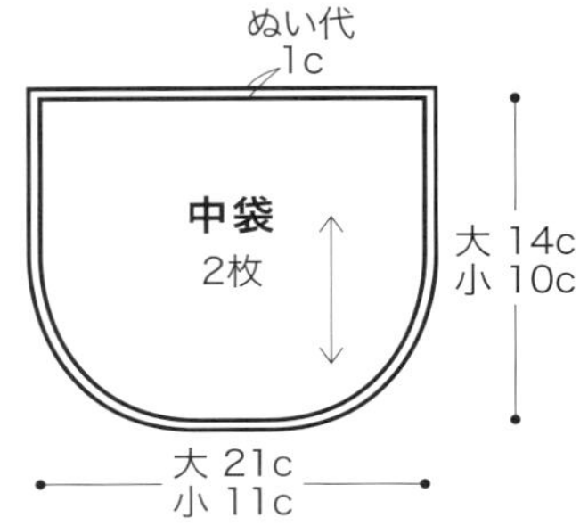

ぬい代
1c
中袋
2枚
大 14c
小 10c
大 21c
小 11c

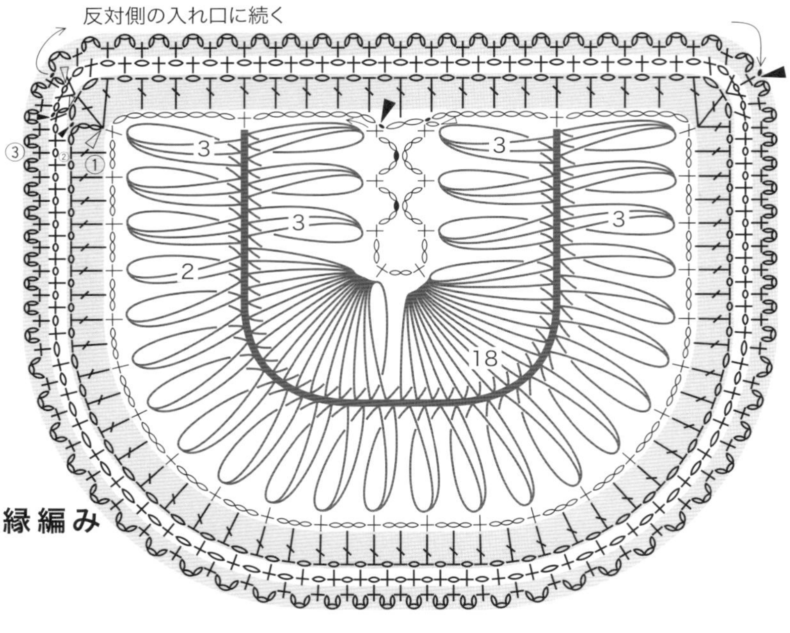

バッグの側面
※ 縁編みの3段めで側面2枚を外表に合わせてつなぎ合わせる。
入れ口は1枚ずつ分けて編む。

▷ = 糸をつける
▶ = 糸を切る
☐ = オレンジ段染め

＊ 指定以外はベージュで編む

反対側の入れ口に続く
縁編み

バッグ 大

側面 2枚
(ブレードつなぎ)

- 13c
- 21c
- 9c
- 1c（3段）
- 0.3c（1段）
- 0.7c（2段）
- (縁編み)
- 持ち手つけ位置
- Ⓐ 54ループ
- Ⓑ 120ループ

バッグの側面
※縁編みの3段めで側面2枚を外表に合わせてつなぎ合わせる。入れ口は1枚ずつつけ分けて編む。

ブレードつなぎ 側面

- 縁編み ①②③
- Ⓐ
- Ⓑ
- 反対側の入れ口に続く
- 指定以外はベージュで編む
- △ = 糸をつける
- ▲ = 糸を切る
- □ = オレンジ段染め

持ち手 2本

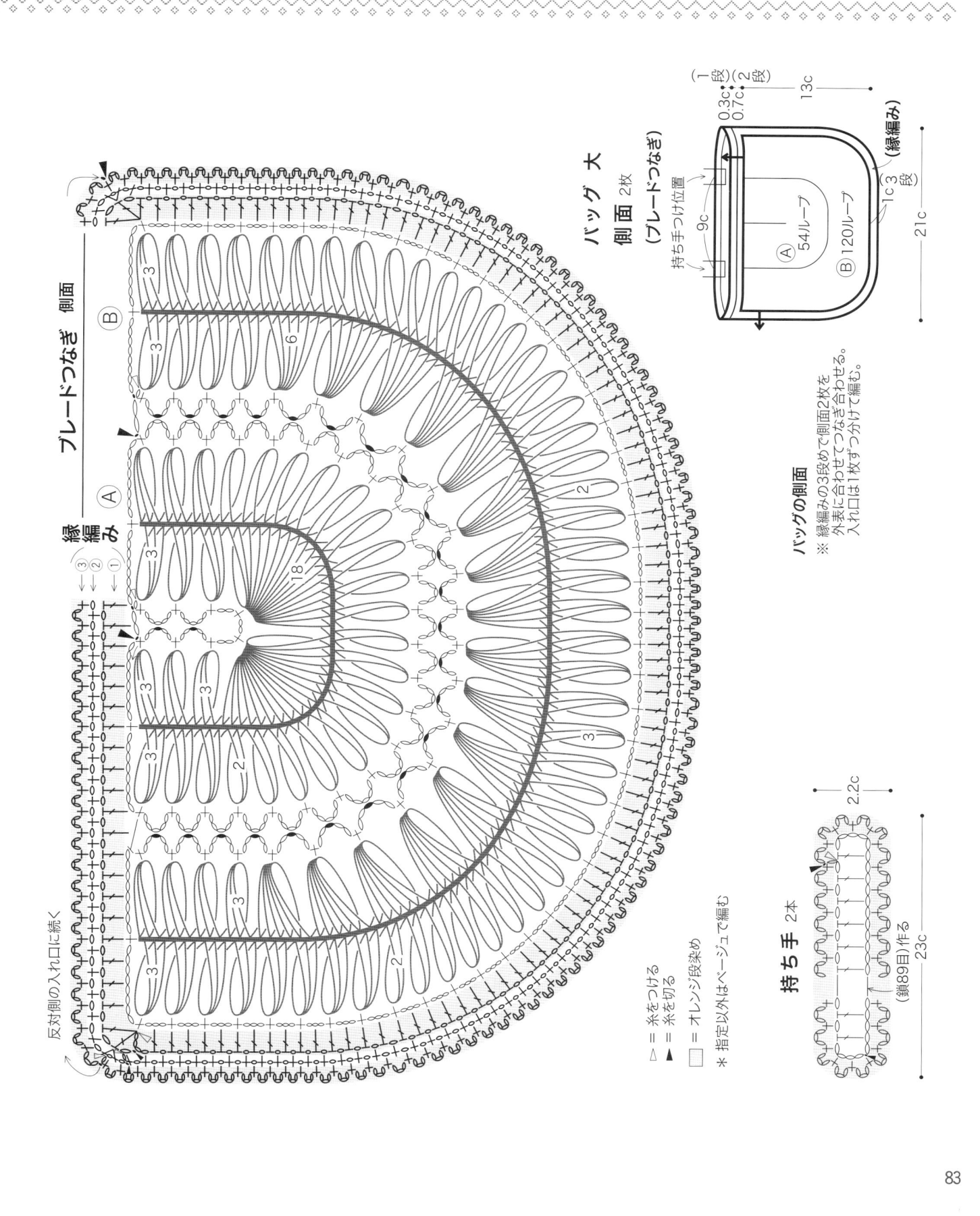

- 2.2c
- 23c
- (鎖89目)作る

かぎ針編みの記号図と編み方

記号図の見方 記号図は、編み地を表側から見た状態で書かれています。編み地の向きを1段ごとにかえて編む往復編みの場合、立ち上がりの鎖編みが右にある段は表から、左にある段は裏から見て編みます。

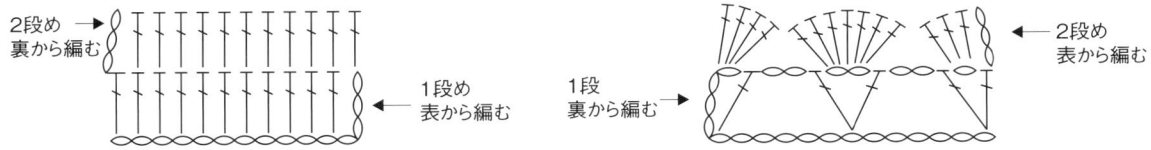

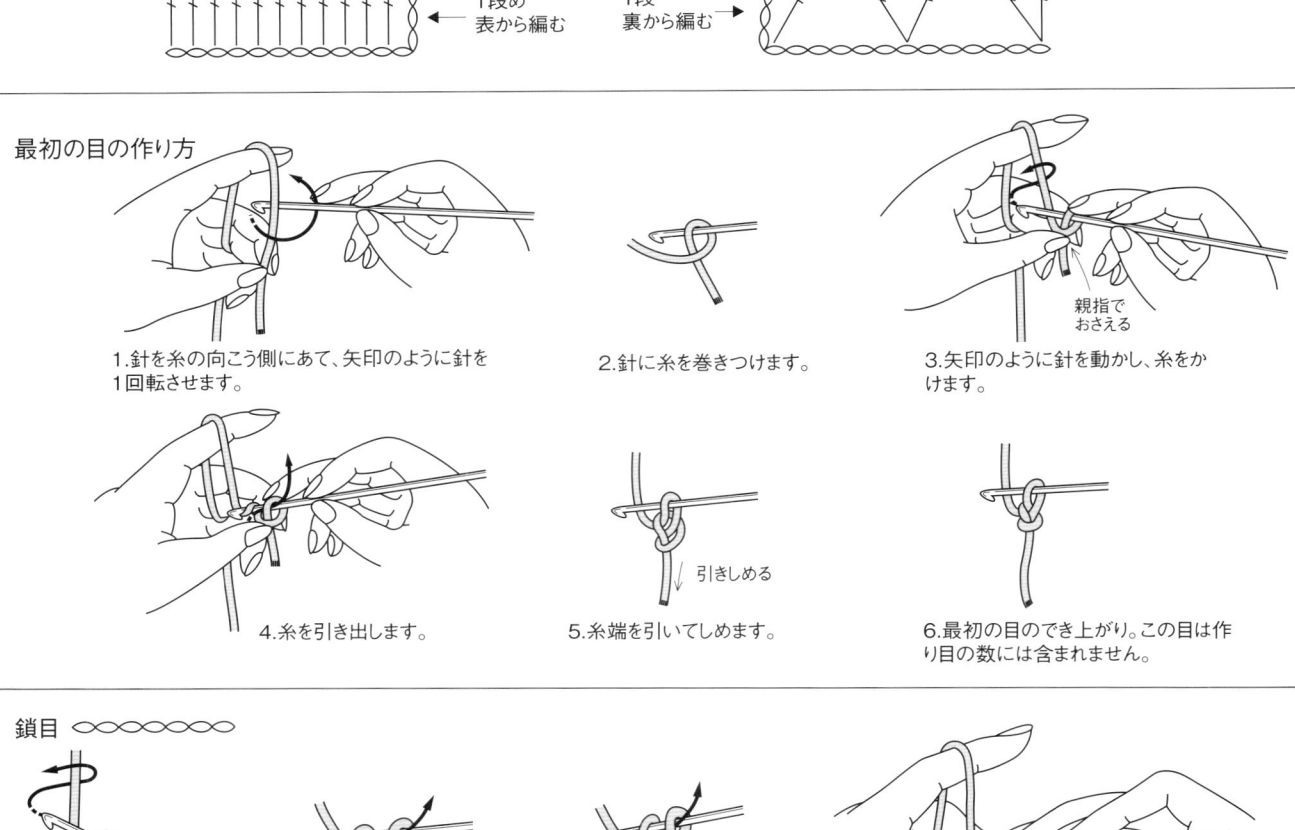

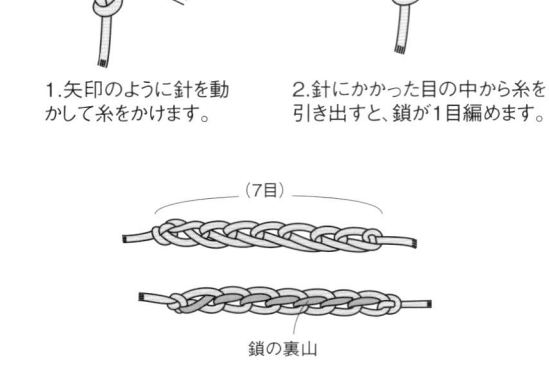

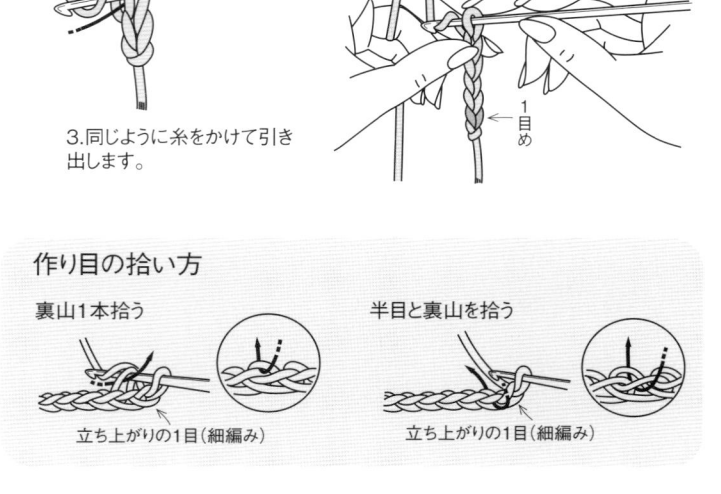

2段め 裏から編む
1段め 表から編む
1段め 裏から編む
2段め 表から編む

最初の目の作り方

1. 針を糸の向こう側にあて、矢印のように針を1回転させます。
2. 針に糸を巻きつけます。
3. 矢印のように針を動かし、糸をかけます。
   親指でおさえる
4. 糸を引き出します。
5. 糸端を引いてしめます。
   引きしめる
6. 最初の目のでき上がり。この目は作り目の数には含まれません。

鎖目

1. 矢印のように針を動かして糸をかけます。
2. 針にかかった目の中から糸を引き出すと、鎖が1目編めます。
3. 同じように糸をかけて引き出します。

1目め

(7目)

鎖の裏山

作り目の拾い方

裏山1本拾う
立ち上がりの1目（細編み）

半目と裏山を拾う
立ち上がりの1目（細編み）

84 My First Hairpin Lace

指でかける輪の作り目

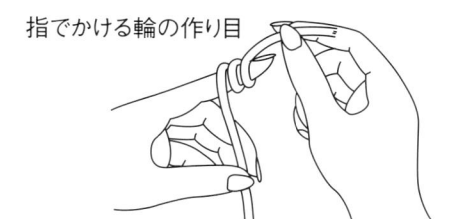

1. ひとさし指に糸を2重に巻いて輪をつくります。 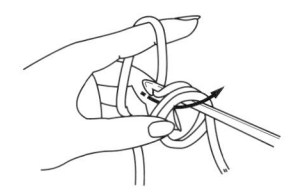
2. 輪の中に針を入れ、糸をかけて引き出します。 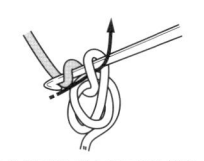
3. さらに糸をかけて引き出します。 
4. 輪の作り目のでき上がりです。この目は1目と数えません。

の編み方

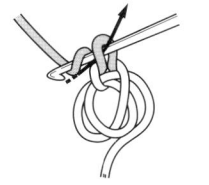

1. 立ち上がりの鎖1目を編みます。
2. 輪の中に矢印のように針を入れます。 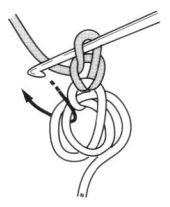
3. 作り目の輪に細編みを編みつけます。 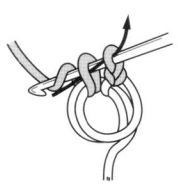
4. 1段めの細編みが編めたら、糸端を引きしめて中心の輪をしめます。 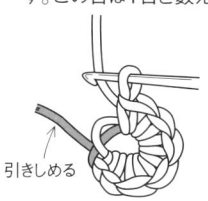
5. 編み始めの細編みに針を入れて引き抜きます。 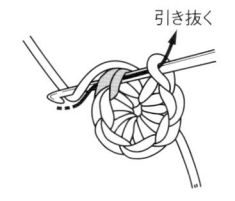
6. 2段めの立ち上がりの鎖を1目編みます。 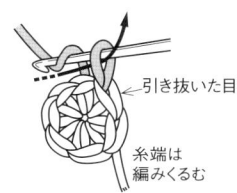
7. 2段めは作り目の糸端を編みくるみながら編みます。 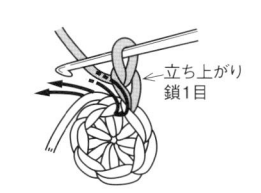
8. 前段の細編み1目から2目ずつ細編みを編み出します。 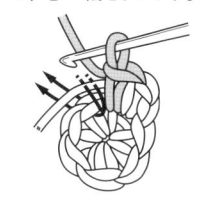

モチーフを引き抜き編みでつなぐ

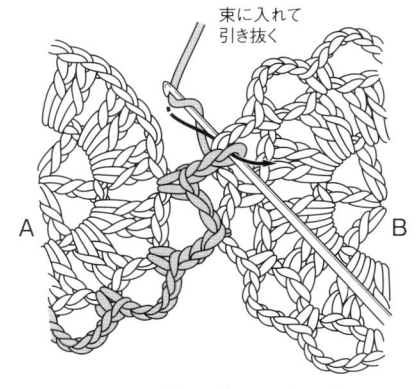

1. モチーフの最終段、鎖5目のネット編みの3目めでつなぎます。隣のモチーフBのループに上から針を入れて引き抜きます。
2. 編み途中のモチーフAに戻って続きを編みます。 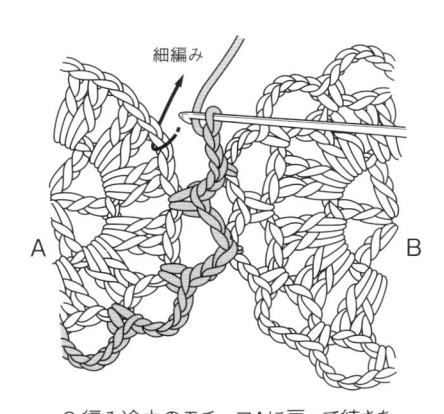

巻きかがり

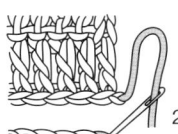

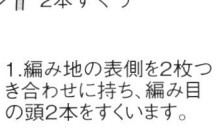

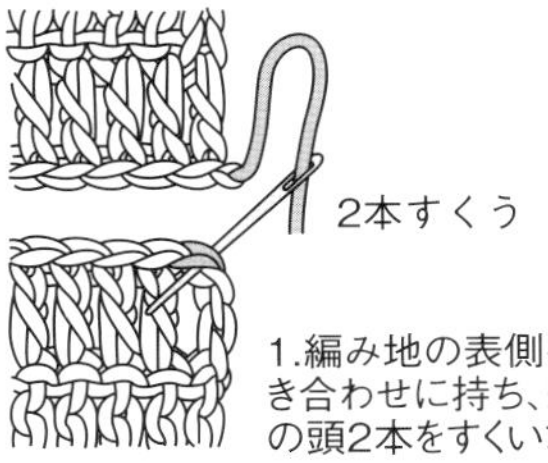

1. 編み地の表側を2枚つき合わせに持ち、編み目の頭2本をすくいます。
2. 向こう側から手前に1目ずつに針を入れます。 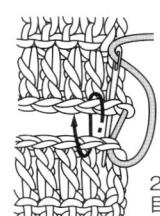
3. 最後は同じ目に針を入れます。

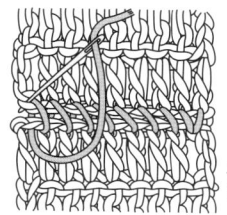

引き抜き編み

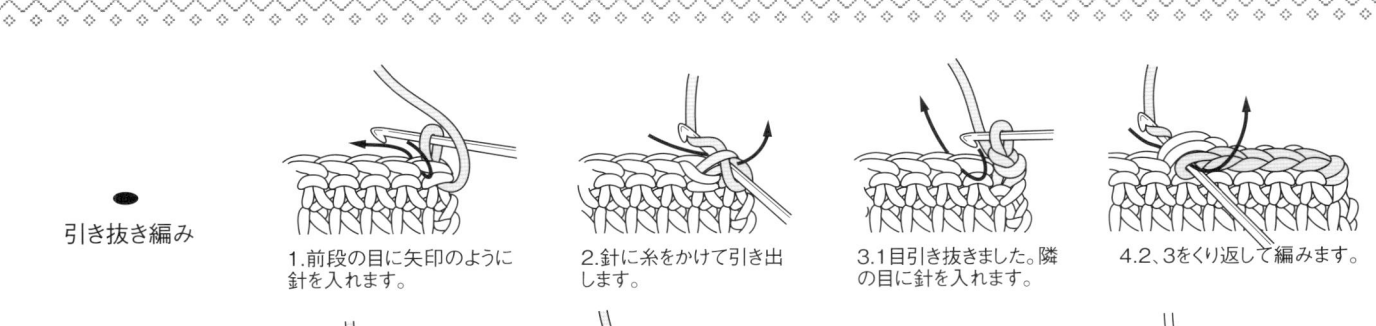

1. 前段の目に矢印のように針を入れます。 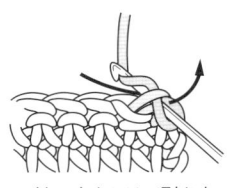
2. 針に糸をかけて引き出します。 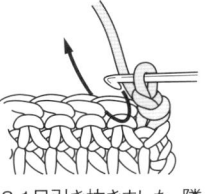
3. 1目引き抜きました。隣の目に針を入れます。 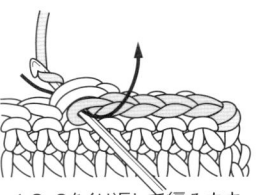
4. 2、3をくり返して編みます。

細編み

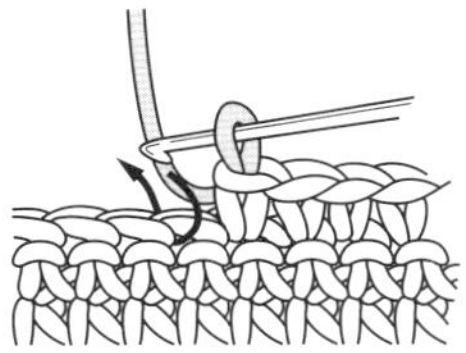

1. 前段の目に矢印のように針を入れます。 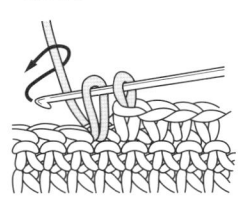
2. 糸を引き出します。 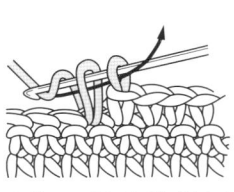
3. 針に糸をかけて矢印のように引き出します。 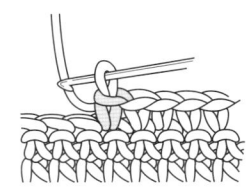
4. 細編みのでき上がりです。

中長編み

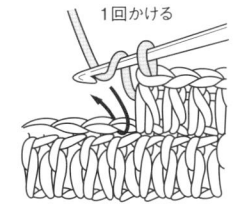

1回かける

1. 針に糸をかけ、前段の目に矢印のように針を入れます。 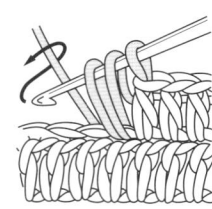
2. 糸を引き出し、針に糸をかけます。 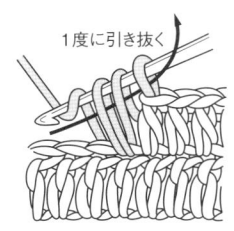
3. 針にかかっている3ループを一度に引き抜きます。 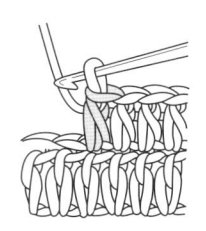
4. 中長編みのでき上がりです。

長編み

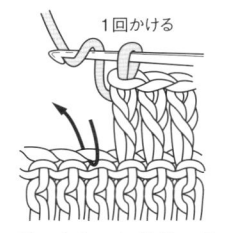

1回かける

1. 針に糸をかけ、前段の目に矢印のように針を入れます。 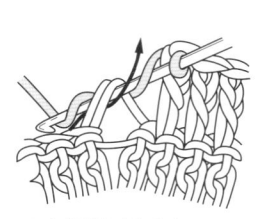
2. 糸を引き出します。 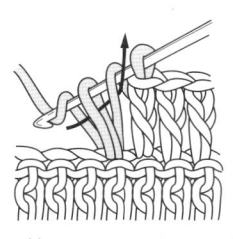
3. 針にかかっている2ループを引き抜きます。 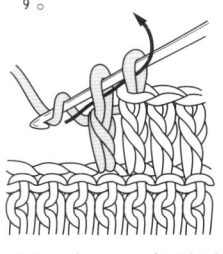
4. もう一度2ループを引き抜き、長編みのでき上がりです。

長々編み

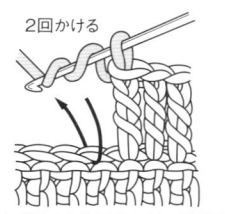

2回かける

1. 針に糸を2回かけ、前段の目に矢印のように針を入れて糸を引き出します。 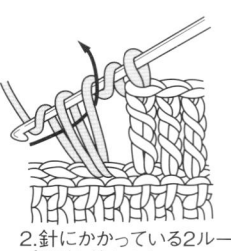
2. 針にかかっている2ループを引き抜きます。 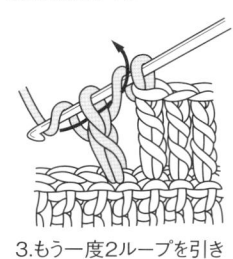
3. もう一度2ループを引き抜きます。 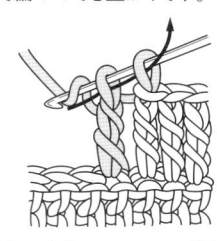
4. さらに糸をかけて2ループを引き抜き、長々編みのでき上がりです。

細編みのうね編み

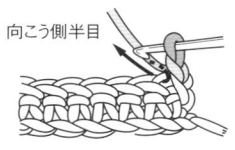

向こう側半目

1. 前段の目の向こう側半目に針を入れます。
2. 細編みを編み、次の目も同様に針を入れます。 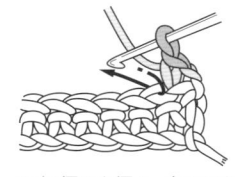
3. 端まで編んだら、矢印の方向に編み地を返します。 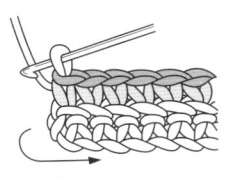
4. 常に向こう側半目に針を入れて編みます。 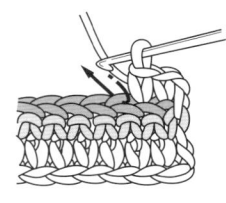

My First Hairpin Lace

細編み2目一度

1. 前段の2目に矢印のように針を入れます。 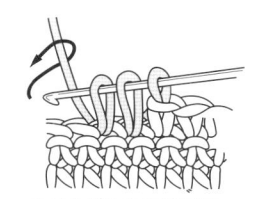
2. それぞれ糸を引き出し、針に糸をかけます。 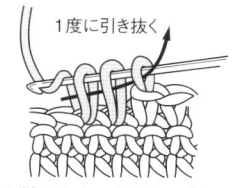
3. 針にかかった3ループを一度に引き抜きます。 
4. 細編み2目一度の完成です。

鎖3目の引き抜きピコット

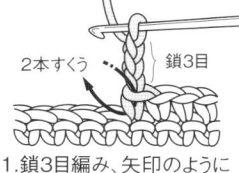

1. 鎖3目編み、矢印のように針を入れます。 
2. 糸をかけて引き抜きます。 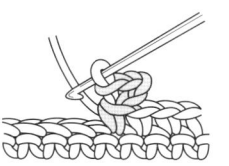
3. 鎖3目の引き抜きピコットの完成です。

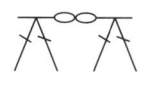

長編み2目一度

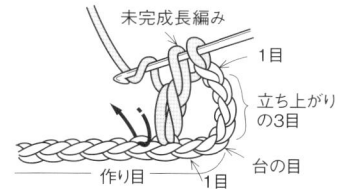

1. まず、未完成の長編みを1目編み、次の目にも同様に編みます。 
2. 糸をかけ、針にかかっている3ループを一度に引き抜きます。 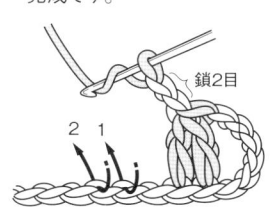
3. 長編み2目一度のでき上がりです。次は矢印の位置に編みます。

長編み3目の玉編みを束(そく)に編み入れる

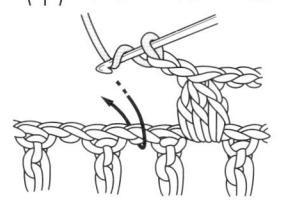

1. 矢印のように針を入れ、前段の鎖をそっくり拾います。
2. 同様に、未完成の長編みを3目編みます。 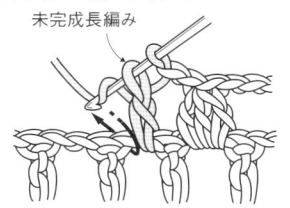
3. 糸をかけて、針にかかった4ループを一度に引き抜いて完成です。 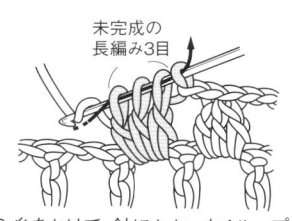
4. 2目めが編めたところです。次の鎖を編むと目が安定します。 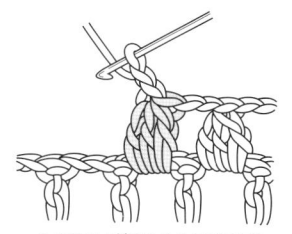

ネット編み

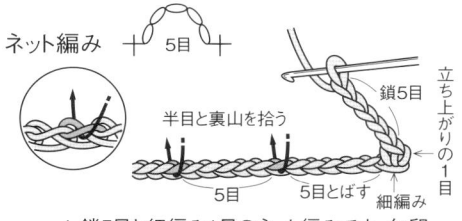

1. 鎖5目と細編み1目のネット編みです。矢印のように作り目を割って拾います。
2. 端まで1段編めたら矢印の方へ編み地を返します。 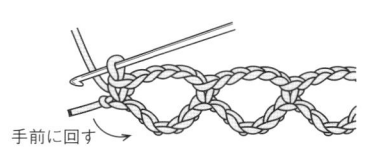
3. 前段の鎖をそっくり拾って束(そく)に編みます。 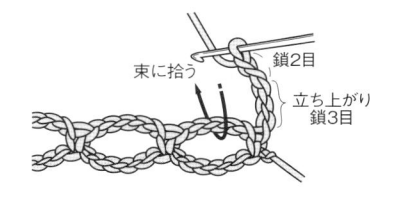
4. 端の目は前段の細編みの頭に針を入れて長編みです。 
5. 編み地を手前に返して立ち上がりの鎖を1目編みます。細編み1・鎖5をくり返します。 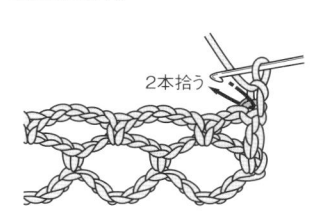
6. 端の目は前段の立ち上がりの鎖を割って細編みを編みます。2〜6をくり返します。

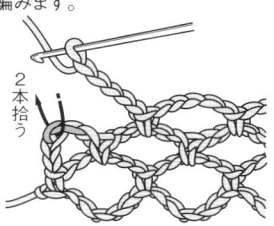

有泉佳子（ありいずみよしこ）
1955年、東京都足立区生まれ。
公益財団法人日本編物検定協会　理事
霞ヶ丘技芸学院でレースを学び、
今まで知らなかったいろいろな技法のレースに出会い、その面白さに夢中に。
現在までに2度個展を開催。
2005年 公益財団法人日本編物手芸協会主催の編物手芸新作コンクールにて
大妻コタカ記念賞受賞。
2007年 財団法人日本手芸作家連合会
創作手工芸展にて文部科学大臣賞受賞。
1996年から2002年（法務省）全国矯正展示品技術審査委員（工芸の部）を務める。
霞ヶ丘技芸学院・公益財団法人日本編物手芸協会・読売文化センター町屋・
目黒学園カルチャースクール他にてレース編み講師

[作品製作協力]
下岡智佳　木島典子　佐藤佐代子　伊藤有子

はじめてレッスン
ヘアピンレースのブレードとモチーフ

発行日／2013年5月17日
発行人／瀬戸信昭
編集人／森岡圭介
発行所／株式会社日本ヴォーグ社
〒162-8705　東京都新宿区市谷本村町3-23
電話／販売 03-5261-5081　編集 03-5261-5084
振替／00170-4-9877
出版受注センター／TEL.03-6324-1155　FAX.03-6324-1313
印刷所／大日本印刷株式会社
Printed in Japan ©Yoshiko Ariizumi 2013
ISBN978-4-529-05194-1
C5077

立ち読みもできるウェブサイト［日本ヴォーグ社の本］
http://book.nihonvogue.co.jp/

編み方レシピをゲット！「手芸ナビ」
手づくりタウンの便利機能「手芸ナビ」は、検索条件を選ぶだけで
お目当ての作品がすぐに見つかります。
欲しいレシピが1点から購入OK！　無料レシピもいっぱい！

[Staff]
撮影／落合里美　森村友紀（プロセス他）
スタイリング／井上輝美
ブックデザイン／寺山文恵
トレース／谷川啓子　まつもとゆみこ
編集協力／井出智子　delta.l　大前かおり
編集担当／鈴木博子

［撮影協力］
UTUWA：03-6447-0070

［用具・素材協力］
クロバー株式会社　tel.06-6978-2277
http://www.clover.co.jp
オリムパス製絲株式会社　tel.052-931-6652
http://www.olympus-thread.com
ディー・エム・シー(株)　tel.03-5296-7831
http://www.dmc-kk.com

●万一、落丁本、乱丁本がありましたら、小社販売部までご連絡ください。
●印刷物のため、実際の色とは色調が異なる場合があります。
●本書の複写にかかる複製、上映、譲渡、公衆送信（送信可能化を含む）
の各権利は株式会社日本ヴォーグ社が管理の委託を受けています。
JCOPY ＜(社)出版者著作権管理機構 委託出版物＞
本書の無断複写は著作権法上での例外を除き禁じられています。
複写される場合は、そのつど事前に、(社)出版者著作権管理機構（電話 03-
3513-6969、FAX 03-3513-6979、e-mail: info@jcopy.or.jp）の許諾を得て
ください。

あなたに感謝しております We are grateful.

手づくりの大好きなあなたが、
この本をお選びくださいましてありがとうございます。
内容はいかがでしたでしょうか？
本書が少しでもお役に立てば、こんなにうれしいことはありません。
日本ヴォーグ社では、手づくりを愛する方とのおつき合いを大切にし、
ご要望におこたえする商品、サービスの実現を常に目標としています。
小社及び出版物について、何かお気付きの点やご意見がございまし
たら、何なりとお申し出ください。
そういうあなたに、私共は常に感謝しております。
　　　　　　　　株式会社日本ヴォーグ社社長　瀬戸信昭
　　　　　　　　　　　　　　　　　　FAX 03-3269-7874

詳しい資料・図書目録を無料でお送りします。

内容	ホームページ	電話
通信販売	http://book.nihonvogue.co.jp/needle/index.jsp	0120-789-351 9:00〜17:00日・祝休
通信講座	http://school.nihonvogue.co.jp/tsushin/	
出版物	図書目録の内容も見られます。 http://book.nihonvogue.co.jp/	
クラフトサークル	6つのクラフトサークルをおすすめします。 http://school.nihonvogue.co.jp/craft/	0120-247-879 9:30〜17:30土・日・祝休
ヴォーグ学園	http://gakuen.nihonvogue.co.jp/	03-5261-5085
自費出版	http://book.nihonvogue.co.jp/self/index.jsp	03-5261-5139

ファクシミリはこちら ▷▷ 03-3269-7874
便利な入り口はこちら ▷▷ http://www.tezukuritown.com/

My First Hairpin Lace